JN411741

교실에서 바로 쓰는 문제행동별 8가지 맞춤형 프로세스

우리 반 금쪽이 지도 솔루션

우리 반 금쪽이 지도 솔루션

교실에서 바로 쓰는 문제행동별 8가지 맞춤형 프로세스

2026년 2월 1일 **1판 1쇄**

지은이 위기학생연구회 마음친구
펴낸이 한성준, 현승호
펴낸곳 좋은교사운동 출판부
디자인 정선형
표지 일러스트 Shutterstock
내지 일러스트 Pio

등록 제2000-34호
주소 서울특별시 관악구 남부순환로218길 36, 4층
전화 02-876-4078
팩스 02-879-2496
홈페이지 www.goodteacher.org
이메일 admin@goodteacher.org

ISBN 978-89-91617-73-5 (03370)

값18,000원

교실에서 바로 쓰는 문제행동별 8가지 맞춤형 프로세스

우리반 금쪽이 지도 솔루션

위기학생연구회 마음친구

좋은교사

모든 금쪽이가 별이 되는 교실을 꿈꾸다

최근 우리 교육 현장은 그 어느 때보다 무거운 짐을 지고 있습니다. 학교에서는 정서행동 위기학생이 빠르게 증가하고 있으며, 이로 인해 교사들은 깊은 절망감과 무력감을 느끼곤 합니다. 더 이상 학생들의 문제행동은 개인의 어려움에 머물지 않고, 우리 교육 공동체 전체가 함께 책임지고 해결해야 할 시대적 과제가 되었습니다. 이러한 위기 앞에서, 좋은교사운동은 현장의 고통에 깊이 공감하며 실질적인 대안을 제시하고자 《우리 반 금쪽이 지도 솔루션》을 펴내게 되었습니다.

좋은교사운동은 그동안 학생들의 마음 건강 문제 해결을 위해 '정서행동 위기학생 지원법안' 발의와 같은 정책적 노력을 포함하여, 실질적인 현장 지원 방안을 모색해 왔습니다. 이 책은 그러한 노력의 연장선이자, 위기학생연구회 마음친구 선생님들의 헌신적인 연구와 실천의 결과물입니다. 이 책의 가장 큰 특징은 '긍정적 행동지원(Positive Behavioral Support, PBS)'의 과학적 원리를 교실에서 바로 적용할 수 있는 **문제행동별 8가지 맞춤형 프로세스**를 생생한 사례와 함께 오롯이 담고 있다는 점입니다.

우리는 흔히 문제행동을 보이는 학생들을 단순히 '문제아'로 치부하기 쉽습니다. 하지만 긍정적 행동지원은 문제행동 이면에 숨겨진 학생의 진정한 의미와 욕구를 깊이 관찰하고 분석하여, 문제행동을 억제하는 대신 그 기능을 충족시킬 수 있는 새로운 **대체행동을 체계적으로 가르치는**(대체행동 교수) 따뜻하고 효과적인 접근법입니다. 이 책을 통해 독자 선생님들께서는 '함묵이', '이탈이', '쿵쿵이' 등 각기 다른 어려움을 가진 학생들을 성장으로 이끈 동료 교사들의 진솔한 경험과 성찰을 만나게 될 것입니다.

좋은교사 마음친구 연구회에 참여하신 많은 선생님들은 "그 아이를 바꾸려고 시작했는데, 결국 내가 변했다."고 공통적으로 고백합니다. 이 책은 선생님들의 교직 생활에서 짊어져야 할 무거운 짐으로만 여겨지던 학생들을 새로운 시각으로 바라볼 수 있는 용기를 선물해 줄 것입니다. 또한 이 책에 담긴 동료 교사들의 지혜를 만나면 선생님은 더 이상 홀로 고군분투하는 것이 아님을 깨닫게 될 것입니다.

좋은교사운동은 이 책이 절망과 같은 선생님의 교실에 작은 등불이 되기를, 모든 금쪽이들이 마침내 자신의 잠재력을 꽃피우는 '별'이 되기를 간절히 소망합니다. 선생님께서 그 빛을 가장 먼저 발견하고 응원하는 존재가 되시기를 바랍니다. 기쁘고 즐거운 교실을 만들어 가는 그 여정에 좋은교사운동이 함께하겠습니다.

(사)좋은교사운동 현승호 공동대표

최근 학생들의 마음 건강에 빨간불이 켜지고 있습니다. 학교 현장에서는 정서행동 위기학생이 빠르게 늘어나고 있으며, 이들의 문제행동은 이제 개인의 어려움을 넘어 우리 교육 공동체가 함께 책임져야 할 과제가 되었습니다. 이러한 시점에 좋은교사운동이 펴낸《우리 반 금쪽이 지도 솔루션》은 매우 의미심장한 책입니다.

그동안 좋은교사운동과 저희 의원실은 학생 마음 건강 문제 해결을 위해 여러 법안을 연구하고 발의했는데, 특히 제가 22대 국회에서 최초로 대표발의한 법안이 소위 '금쪽이법'으로 불리는 정서행동위기학생지원법안입니다.

또한 국정감사 기간에는 관련 자료를 모아 기자회견을 여는 등 다양한 노력을 좋은교사운동과 함께 공동으로 추진해 왔습니다. 이 책은 그 연장선에서, 현장 교사들이 긍정적 행동지원의 원리를 바탕으로 학생의 문제행동을 성장으로 이끈 생생한 교실 현장 사례를 오롯이 담고 있습니다.

이 책을 통해 교실 속 금쪽이들을 이해하고 지도하기 위한 구체적이고 실천적인 방법을 배울 수 있을 것으로 기대하고 있습니다. 《우리 반 금쪽이 지도 솔루션》의 출간을 진심으로 축하드리며, 앞으로도 정서행동 위기학생 지원 체계가 우리 교육 현장에 빈틈없이 뿌리내릴 수 있도록 좋은교사운동과 함께 지속적으로 노력하겠습니다.

국회의원 강경숙

쏟아진 물을 다시 주워 담을 수 없다. 그 현실을 너무도 잘 알고 있는 선생님들이 나서서 물을 쏟지 않기 위해 노력하고 계신다.

우리가 해야 할 가장 중요한 일은 문제가 일어나기 전 조치이고 그래서 보편적 중재가 가장 기초이며 든든한 시금석이다. 좋은교사운동 위기학생연구회 '마음친구'에서 예방을 위한 본격적 활동으로 긍정적 행동지원을 교사들에게 소개해 주는 고마운 책을 내주셨다.

이 책은 문제행동을 사전에 발견하고, 문제행동이 폭발하기 전에 선조치를 통해 안정과 평온을 유지함으로 인해 교실 공동체 모두가 서로를 돌볼 수 있는 환경에 대해 교사들에게 친절히 소개한다. 특히 교사들의 눈높이에서 교사들이 긍정적 행동지원을 쉽게 실천할 수 있도록 안내한다. 《우리 반 금쪽이 지도 솔루션》은 학생들에게는 예방을, 교사들에게는 이해와 변화의 긍정적 역량을 준다. 이 책을 통해 교사도 성장하고 학급 공동체도 성장해 갈 것을 믿는다. 앞서서 준비해 주시는 마음친구 선생님들께 깊은 감사의 마음을 전한다.

김현수 (명지병원 정신건강의학과 임상교수, 성장학교 별 교장)

교실에서 금쪽이를 만난다는 것

매년 새로운 학년을 시작할 때마다 우리는 설렘과 기대감으로 교실 문을 엽니다. 하지만 동시에 '올해는 어떤 학생들을 만나게 될까?' 하는 작은 긴장과 두려움도 함께 품게 됩니다. 교직 생활의 보람은 그 어떤 직업보다 크지만, 때로는 우리를 깊은 절망과 무력감에 빠뜨리는 순간도 찾아옵니다. 특히 일반적인 훈육이나 조언으로는 쉽게 다가갈 수 없는 학생들, 우리는 그들을 '금쪽이'라 부릅니다. 그들은 우리에게 도움을 청하는 가장 간절한 목소리이자, 교사로서의 역량을 시험하는 존재입니다.

이 책은 바로 그 '금쪽이'들을 만난 교사들의 이야기입니다. 몸을 움츠리고 말하지 않는 주의 산만한 학생(2부), 수업 시간 내내 교실을 이탈하고 고집을 부리며 삐딱하게 행동하는 수업 방해형 학생(3부), 친구에게 공격적인 언어를 퍼붓고 폭력을 행사하는 파괴적·공격적 학생(4부)까지, 다양한 어려움을 지닌 학생들과의 만남을 생생하게 담고 있습니다. 우리는 이 학생들을 그저 문제아로 치부하는 대신, 그들의 행동에 숨겨진 진정한 의미를 찾고자 노력했습니다. 왜 그런 행동을 하는지, 그 이면에 어떤 마음과 욕구가 숨어 있는지를 깊이 관찰하고 분석했습니다.

이 책의 저자들은 이 여정에서 긍정적 행동지원(Positive Behavioral Support, PBS)이라는 나침반을 발견했습니다. 이는 단순히 문제행동을 억제하는 기술이 아니라, 문제의 원인이 되는 선행 사건과 행동 이후의 결과를 면밀히 파악하여 학생의 긍정적인 행동을 강화하는 과학적이고 체계적인 접근법입니다. 책에 담긴 생생한 사례들은 현직 교사들의 실제 경험과 성찰을 바탕으로 한 기록으로, 독자들이 각 사례를 통해 행동 관찰, 기능 분석, 목표 설정, 중재 실행 등 구체적인 방법을 배울 수 있도록 안내합니다.

이 책은 선생님들에게 교직 생활 속에서 짊어진 무거운 짐을 잠시 내려놓고, 새로운 시각으로 학생을 바라볼 수 있는 용기를 선물할 것입니다. "혼자 가면 빨리 가지만, 함께 가면 멀리 간다."는 아프리카 속담처럼, 이 책을 통해 선생님은 더 이상 혼자가 아니라는 사실을 깨닫게 될 것입니다. 동료 교사들의 생생한 사례와 구체적인 해결책을 보며, 선생님의 교실에도 기적 같은 변화가 시작될 수 있음을 믿게 될 것입니다.

이 책을 통해 모든 학생들이 교실에서 자신의 잠재력을 꽃피우는 '별'이 되기를, 그리고 선생님께서 그 빛을 가장 먼저 발견하고 응원하는 존재가 되기를 진심으로 바랍니다. 이 책이 선생님의 교실에서 희망의 등불이 되기를 소망하며, 기쁘고 즐거운 교실을 만들어가는 여정에 함께하겠습니다.

차 례

3부 | 수업 방해

4부 | 파괴 공격

긍정적 행동지원이란?

교사가
'문제 학생'으로 바라보는 프레임을 버리고,
'행동 문제'에 관심의 초점을 맞출 때
많은 것들이 달라지기 시작한다.

-《교실에서 별을 만나다》 중에서

제1장

보편적 생활교육으로서 긍정적 행동지원

들어가며

교사들은 학교에서 학생들의 다양한 문제행동에 직면한다. 어떤 학생은 5분 이상 집중을 못 한다. 수업을 시작하고 얼마 되지도 않았는데, 그새 수업과 상관없는 행동을 한다. 정도가 심하면 옆 친구의 수업을 방해하기도 한다. 자리에 앉으라는 교사의 지시도 잘 따르지 않고, 지시를 따르기까지 많은 시간이 지체된다. 좀 더 심하면 친구들과 자주 싸우거나, 교실 물건을 때려 부수는 파괴적인 모습을 보이기도 한다. 감정 처리와 표현에서 미숙한 행동을 보이기도 한다. 울음으로 자신의 모든 감정을 표현하는 학생, 선택적 함묵증과 같이 학교에서는 자신의 언어 표현을 거부하는 학생, 우울감을 호소하며 자해와 자살의 충동을 언급하거나, 실제 실행에 옮기는 학생을 만나기도 한다. 심각하게는 정신병적인 증상이나 장애로 추정되는 사례도 있다. 허위 사실을 꾸

며내며 피해망상의 증세를 보이는 학생도 있을 수 있고, 품행장애나 반사회적 인격장애와 같이 타인에게 피해를 주면서도 남 탓을 하거나 죄책감을 느끼지 않은 학생도 간혹 보게 된다. 교사들이 만나는 문제행동은 이토록 다양하다. 고민스럽다. 교실에서 여러 문제를 일으키는데, 지도할 방법은 없을까? 방법이 있기는 할까? 아니, 교사가 가르칠 수 있는 수준의 문제인 것인가? 어느 수준까지는 가르칠 수 있고, 어느 수준부터는 외부 전문가에게 맡겨야 하는 문제일까? 어느 것 하나 쉽게 답할 수 있는 문제가 없다.

다음 장에 이어질 여러 글과 사례들은 어려운 현실 속에서 피할 수 없는 문제에 대해 답을 찾는 마음으로 길을 나선 교사들의 이야기이다. 모든 문제를 해결할 만능열쇠가 될 수는 없어도, 같은 어려움을 가진 교사들이 문제 속에서 답을 찾는 데 도움이 될 수는 있을 것으로 기대할 만할 이야기이다.

1. 교육 가능한 문제행동의 범주

학생들이 보이는 문제행동은 당연히 교사들의 지도 대상이다. 학생들의 생활을 교육하는 것이 교사의 고유 업무다. 기본적인 생활 습관부터, 친구 사이에 지켜야 할 규범, 선생님을 대하는 예의범절을 모두 가르친다. 수업 시간에 참여할 수 있도록 지도하는 것도 교사의 몫이다. 보통 학교에서 훈육이 필요한 문제행동은 교사의 교수활동을 방해하는 행동, 다른 사람을 위협하는 행동이나 기물 파손, 위험 행동 등 안전을 위협하는 행동, 그리고 사회집단의 규범이나 행동 규범에 벗어나는 행

동을 의미한다.[1]

교육 가능한 문제행동인가 아닌가를 판단하기 위해서는 몇 가지 질문에 따라 생각할 수 있다. 먼저, 발달적 맥락에서 이해할 수 있는가를 생각해 본다. 아동·청소년의 발달 과정에서 여러 부적응 행동을 보일 수 있다. 유치원을 지나 초등학교라는 환경은 아동에게 상당히 낯선 환경일 수 있다. 적응 과정에서 일부 미숙함이 나타날 수 있다. 또한 사춘기로 진입하는 초등 고학년이나 중학생들은 또래의 영향을 받으면서 여러 부적응 행동을 보일 수 있다. 그 과정에서 나타나는 문제행동은 교육 가능하며, 시간이 지나면 해결될 수도 있는 문제로 볼 수 있다.

두 번째, 학생의 환경적 요인에 의해 유발되거나 유지되는 행동인가를 생각해 본다. 학교나 가정 환경, 또래 관계라는 환경 속에서 형성되거나 강화된 문제행동이 나타날 수 있다. 가정에서는 용인된 행동이 학교에서는 용인할 수 없는 경우가 있을 수 있다. 각기 다른 환경 속에서 아동이 혼란을 일으키면 학교에서 규범에 대해 재교육하면서 문제행동을 중재할 여지가 많아진다. 또래 관계 속에서 관심을 끌고 싶어서 하는 행동, 좋아하지 않거나 흥미가 없어서 피하고 싶어 하는 행동, 부모나 교사에게 인정받고 싶어서 하는 행동 등 환경 속에서 형성되거나 강화된 행동은 충분히 교육 가능한 문제행동으로 볼 수 있다.

세 번째, 학생 개인에게 특정 기능의 의미를 지니는 행동인가를 생각해 본다. 겉으로 보기에 부적절하지만, 학생에게는 특정한 목적이나 기능을 가진 행동이 있을 수 있다. 또래의 관심을 얻는 기능으로써 공격

---

1. 박병량(2001). 학교 훈육의 이론과 실제. 학지사.

적 행동을 하는 학생이 있기도 하고, 불안을 해소하기 위해 반복적인 행동을 하는 학생이 있을 수 있다. 이 경우 쉽지는 않지만, 훈련과 훈육을 통해 교육 가능한 영역으로 볼 수 있다.

네 번째, 체계적이고 교육적인 개입으로 변화 가능한 행동인가를 생각해 본다. 교사가 적절한 방법을 동원하여 일관된 중재와 지원을 했을 경우 개선될 수 있을 것인가를 생각해 보는 것이다. 교실에서 규칙을 지키는 훈련을 반복적으로 행함으로써 수업 방해 행동이나 주변 친구들에 대한 공격 행동이 감소할 여지가 있다면 교육 가능한 문제행동으로 생각할 수 있다.

반면, 학교 교육을 통해 개선을 기대하기 어려운 행동, 전문적 개입이 필요한 이상행동도 있다. 먼저, 정신의학적 진단 기준에 부합하는 수준의 문제행동이 있다. 장기간 지속되는 우울감, 교실 환경에서 버티기 어려운 수준의 불안, 큰 사고 이후 보일 수 있는 외상 후 스트레스 장애는 교사가 섣부르게 개입하기 어려운 행동 영역이다.

두 번째는 환경적 요인보다 생물학적 요인의 영향이 큰 문제행동이 있다. 최근 증가하는 ADHD(주의력결핍 과잉행동 장애)나 자폐 스펙트럼 장애의 경우 일반교육으로 접근하기 어렵다. 전문가의 치료적 개입이나 특수교육이 반드시 함께 동반되어야 한다.

세 번째는 일상생활의 기능에 심각한 손상을 보이는 문제행동이 있다. 대인관계나 자기관리 등의 여러 영역에서 현저한 기능 저하를 보이는 경우다. 등교 자체가 불가능한 수준의 불안이나 자해나 자살 시도 사고의 경우 학교 교육으로서는 개입하기 어려운 영역이 될 수 있다.

이와 같은 유형의 문제행동들은 정신과 약물치료, 인지행동치료 등 전문적인 치료 개입이 필수적으로 동반되어야 하고, 학교 교육은 전문가의 판단에 따라 단계적으로 접근하는 방식으로 진행되어야 한다.

2. 긍정적 행동지원이 필요한 이유

생활교육은 모든 교사들의 고유 업무 영역이다. 학교에서 담임을 하고 수업하는 이상 학생들이 보이는 문제행동에 어떤 방식으로든 교육적 지도를 할 수 있어야 한다. 그러나 최근 학교를 둘러싼 환경은 교사의 생활교육을 상당히 어렵게 한다. 교사는 과거처럼 학생을 지도할 수 있는 강력한 권위를 갖고 있지 못하다. 체벌은 교사가 사용해서도 안 되고 사용할 수도 없는 수단이 되었고, 상벌점제 역시 적절성 문제로 학교에서 잘 사용되지 않는다. 더 어려운 점은 교사의 정당한 생활지도에도 문제를 제기하는 경우가 늘어나면서 교육에 활용 가능한 마땅한 수단이 없어졌다는 것이다. 교사의 생활교육 허용 범위에 대한 법적 모호성, 효과적 대안의 부재, 증가하는 학부모 민원 등으로 마땅한 수단을 찾지 못하는 현실이지만, 그렇다고 교육을 안 할 수도 없는 상황이다. 이런 현실에서 학생의 문제행동을 중재하면서 사회적 발달도 촉진할 수 있는 유용한 수단으로써 긍정적 행동지원이 주목받고 있다.

긍정적 행동지원(Positive Behavior Support, PBS)은 미국에서 학생의 문제행동을 줄이고 중재하는 프로그램으로 활용되고 있다. 과거 행동주의 이론이 혐오 처치를 사용해서 비윤리적이라 비판받은 부분을 수정하여 혐오 자극 배제와 긍정적 절차를 강조하고, 환경에서 행동에 영향을 미치는 환경적·맥락적 변인을 고려하는 것이 긍정적 행동지원이다. 긍정적 행동지원은 전체 학생을 대상으로 보편 중재를 하면서 문제행동에 대해서는 개별 중재를 적용한다. 개별 학생이 보이는 문제행동을 관찰하고 분석한 결과를 바탕으로 문제행동의 기능, 문제행동을 유발하는 선행 사건, 문제행동을 강화하는 방향으로 작동하는 후속결과를 찾아본 뒤, 대체행동, 환경의 변화, 다른 방식의 후속결과를 가져오게 함으로써 행동의 변화를 불러오는 중재 방법이 긍정적 행동지원이다. 그 과정에서 학생, 학부모와의 소통은 필수적이다. 생활지도 과정에 학부모가 함께 참여하게 하는 것이 중재 효과를 높이는 데 도움이 되기 때문이다. 이와 같이 긍정적 행동지원은 과학적인 근거를 기반으로 처벌이나 강압이 아닌 긍정적 교수와 지원에 기반하여 학생, 학부모와 소통하고 그 의사를 존중하며 진행한다는 장점을 가지고 있어 현 교육 현장의 요구에 부합한 방식이라 할 수 있다.

긍정적 행동지원은 사건 발생 후의 처벌과 훈육보다, 조기 개입과 예방에 집중한다. 학생의 문제행동을 유발하는 원인을 분석하여 문제행동을 감소시키고 긍정적 학교(학급) 분위기를 조성함으로써 학생들의 학교생활 적응을 도울 수 있다는 점에서 효과적이다. 학생의 문제행동을 감소시킬 뿐만 아니라 바람직한 사회적 기술을 학습시킬 수 있다는 점에서 학교에서 유용하게 활용할 수 있다.

3. 특수교육을 넘어 일반교육에도 적용할 수 있는 긍정적 행동지원

미국의 경우 PBS를 일반학교와 특수학교에서 보편적으로 적용하여 활용하고 있지만, 우리나라는 특수교육을 중심으로 활용되는 경향이 높았다. 과학적인 행동 관찰 결과를 토대로 행동을 중재한다는 점에서 의사소통이 원활하지 않은 특수교육 대상 학생의 문제행동을 중재하는 데 효과적인 방법으로서 도입되어 확산된 것이다. 그러나 PBS는 미국 사례에서 보듯 일반학교 학생들에게도 효과적인 행동 중재 프로세스가 될 수 있다. 의사소통이 원활할수록 행동의 전후 맥락과 행동의 기능을 파악하기가 더 쉬우므로, 일반학교 학생들의 생활을 교육하는 데 더 효과적일 수 있다는 것이다. 심각하지 않은 문제행동을 중재하고 좋은 행동 습관을 길러주는 것에도 사용될 수 있어서 일반적인 생활교육 프로그램으로 얼마든지 적용할 수 있다. 최근 초등학교를 중심으로 PBS를 적용하여 중재 효과를 거두는 사례가 곳곳에서 보고되고 있다.

PBS는 '보편 중재- 표적 집단 중재-개별 중재'와 같이 다층적이고 단계적인 접근 방식을 적용하고 있다. 학교와 학급 단위의 전체 학생을 대상으로 학생들에게 기대하는 기대행동을 명확하게 하고, 기대행동을 따르도록 강화하는 전략을 사용하여 보편적 중재를 1단계로 적용한다. 이것은 기존에 학교나 학급에서 생활교육을 설계할 때 모든 교사가 하나의 방향성과 일관된 생활교육 방법을 적용했을 때 효과를 거두는 것과도 일맥상통하여, 교사들에게 익숙한 생활교육 방식이다.

1단계 보편 중재에 잘 따르지 않는 10~15%의 학생들을 대상으로 2단계 표적 집단 중재 프로그램을 적용할 수 있다. 보통 학급에서 문제를 일으키는 학생이 10~20%가 된다는 점을 고려하면 2단계 집단 중재 역시 교사에게는 익숙한 상황이다. 여기에 PBS 이론에서 연구된 다양한 집단 중재 프로그램을 교사가 익힌다면 학급 운영이나 학교 차원의 생활교육에 도움을 받을 수 있다.

무엇보다 3단계 개별 중재 프로세스가 학급에 존재하는 1~2명의 심각한 수준의 문제행동 학생을 지도하는 데 효과적으로 활용될 수 있다. 심각한 문제행동의 수준이 교육 가능한 범주에 속한다면 행동 분석, 문제행동의 조작적 정의, 행동의 기능 분석, 중재 계획 수립 및 교수를 통해 행동 중재에 나설 수 있다. 학부모의 참여가 필수적이므로, 개별 중재 과정에서 학부모의 신뢰를 끌어낼 수 있다는 점에서 긍정적이다.

4. 긍정적 행동지원의 각 단계 소개 및 의미

긍정적 행동지원(PBS)은 체계적이고 순차적인 단계를 거쳐 실행한다. 이 책에서 소개할 8개의 사례도 모두 이러한 단계적 접근을 통해 진행되었다. 단계별 내용과 의미는 다음과 같다.

가. ABC 관찰: 행동의 맥락 이해

행동을 관찰하는 것이 행동 중재의 출발이다. 행동 관찰은 문제행동의 발생 맥락을 이해하는 절차이다. 설문지, 일화 기록 등 여러 관찰 방법이 있지만, ABC 관찰기록은 문제행동의 맥락을 이해하는 데 도움이 된다. ABC 관찰기록은 일상생활에서 학생의 문제행동이 일어나기 전(선행 사건)과 행동이 일어난 후의 상황(후속결과)을 기록하여 문제행동의 원인을 찾는 방법으로 '선행 사건(Antecedent)-문제행동(Behavior)-후속결과(Consequence)'로 구분하여 기록한다.

선행 사건(Antecedent)에는 문제행동 발생 전에 일어난 일을 기록한다.

1~2주 정도 관찰, 기록하다 보면 문제행동이 언제 나타날지 예측할 수 있게 된다. 문제행동(Behavior)에는 학생이 보인 문제행동의 유형을 기록한다. 기록의 과정에서 반복되는 문제행동의 유형, 행동의 패턴들을 파악할 수 있다. 후속결과(Consequence)에는 문제행동 직후 주변의 반응을 기록한다. 주변 친구들의 반응, 교사의 반응을 기록하여 후속결과가 문제행동의 발생에 어떤 영향을 미치는지, 문제행동이 당사자에게 어떤 기능을 하고 있는지를 파악할 수 있다.

ABC 관찰은 1~2주 정도 하는데, 교사가 한 학생에 대해서만 집중해서 관찰하고 기록하는 것이 쉬운 일은 아니다. 가급적 행동 발생 당시 즉각적으로 기록하는 것이 유용한데, 이것 역시 어려운 일이다. 체크리스트 방식이나 간단한 기호 등을 활용하여 임시로 간소하게 기록을 한 뒤 일과가 끝난 후 기록을 확인하면서 보완하는 방식으로 기록하기도 한다. 교과 시간마다 다른 교사들이 교실에 들어가는 중등학교의 경우에는 학년에서 교사들이 공동으로 관찰지를 작성하는 것도 방법이 될 수 있다. 교사들 간의 협력이 필수적이다.

ABC 관찰법 예시

날짜	A. 선행 사건	B. 문제행동	C. 후속결과
4.5	점심시간 고은이가 동철이 옆 통로 쪽으로 다가와서 책상에 있는 물건을 만졌다. 동철이는 물건을 뺏으며 저리 가라고 소리쳤다.	고은이는 “xx, 눈을 어디에다 두고 다니냐, 맞짱 뜰래?” 하고 소리쳤다.	나는 고은이를 연구실로 데려와 주의를 주었다.
4.8	영어 시간 고은이 앞자리에 앉은 철수와 민수가 속닥거렸다.	고은이는 연필을 들고 철수 등을 콕콕 찔렀다.	영어 선생님은 고은이를 교실로 보냈고 나는 성찰문을 쓰게 했다.

나. 조작적 정의: 문제행동의 명확한 규정

중재하고자 하는 문제행동(표적행동)을 관찰 가능하고 측정 가능한 용어로 정의하는 것을 조작적 정의라고 한다. 학생의 문제행동을 지원하기 위해서는 먼저 무엇이 문제인가를 규정해야 한다. 문제가 되는 행동이 무엇인지를 명확하게 정의하고, 문제행동을 어느 수준만큼 바꾸고 싶은지에 대해 뚜렷한 목표를 정하는 것이 행동지원을 바르게 실행할 수 있도록 방향을 잡는 데 도움이 된다.

조작적 정의는 관찰 가능한 행동으로 정의해야 한다. 가령 '수업 방해 행동'이라고 정의하면 학생의 어떤 행동이 수업 방해 행동에 해당하는지 불명확하고, 사람마다 수업 방해의 기준이 달라서 행동 관찰에 어려움을 초래한다. '교실을 돌아다닌다.', '주변 사람과 수업과 관련 없는 대화를 한다.' 등과 같이 명확하게 정의해야 문제행동에 대한 의사소통도 원활해진다. 특히 학부모와의 소통에 유용하다. 가령, '○○이가 수업을 방해합니다.'와 '○○이이가 수업 시간에 돌아다닙니다.'는 교사로서는 같은 의미일 수 있으나, 학부모 처지에서는 다르게 받아들일 수 있다.

조작적 정의는 또한 측정 가능한 행동으로 정의해야 한다. '수업 방해 행동'을 떠드는 횟수로 정할 수도 있고, 떠드는 강도로 정의할 수 있다. '수업 방해 행동'을 '교실을 돌아다닌다.'로 정의하면 책상에서 잠깐 일어난 것도 포함할지, 몇 초 이상 돌아다니는 것이 문제행동인지 불명확하다. 뿐만 아니라 행동에 큰 변화가 없다고 해도 행동의 횟수나 강도가 감소한 것도 효과가 있다고 평가할 수 있게 된다. 평가 기준점이 명확해지는 것이다.

조작적 정의 예시

범주	조작적 정의
자리 이탈 교실 이탈	- 수업 중 하기 싫거나 어려운 과제가 제시되었을 때 교실 안에서 돌아다닌다. - 교실 뒷문을 열었다 닫았다 하다가 복도로 나간다.
과제 회피	- 하기 싫거나 어려운 과제를 제시하면 학습지나 교과서를 찢는다. - 학습자료나 학습 결과물을 창밖으로 던진다.

다. 문제행동의 기능 평가: 행동의 목적 이해

기능 평가는 문제행동이 학생에게 어떤 목적이나 기능을 수행하는지 파악하는 과정이다. PBS의 핵심 전제는 모든 문제행동에는 '이유'가 있다는 것이다. 행동의 이유를 파악하고, 그 이유에 맞게 행동지원을 실행할 때 문제행동을 효과적으로 감소시킬 수 있다. 기능 평가를 위해서는 기능 평가 용도로 개발된 동기사정척도(MAS)[2]나 행동특성에 대한 설문지를 많이 사용한다.

일반적으로 문제행동의 기능은 크게 다음 네 가지로 분류한다.

첫째, 획득의 기능이다. 교사나 또래의 관심과 인정을 얻기 위한 행동이 많다. 수업 중 큰소리나, 특이한 행동이 교사나 또래의 관심을 얻고자 할 때, 획득의 기능을 갖고 있다고 할 수 있다. 구체물을 얻고자 하는 경우도 획득의 기능이라 할 수 있다.

둘째, 회피의 기능이 있다. 자신에게 요구되는 과제나 활동을 회피할 목적으로 문제행동을 하는 경우에 해당한다. 자신이 싫어하는 상황을

2 동기사정척도(MAS)는 문제행동을 유발하는 강화 요인을 관심, 회피, 구체물 얻기, 감각 추구 네 가지 영역으로 평가합니다. 이를 통해 특정 행동이 왜 발생하는지 이해하고 적절한 행동 중재를 계획할 수 있습니다.

회피할 목적으로 문제행동을 하는 일도 있다. 교실에 있는 것에 대한 불안을 회피하기 위해 지각이나 결석을 하는 경우, 자신이 수학을 못하는 것이 드러나는 상황을 회피하기 위해 엎드려 자는 경우, 쓰기 활동이 싫어서 수업 중에 친구를 건드리는 행동을 하는 경우 등이 이에 해당한다.

셋째, 감각 추구의 기능이 있다. 감각적 자극이나 만족을 얻을 목적의 행동을 할 때가 있다. 특정 물체를 만지작거리는 느낌을 얻기 위해 끊임없이 해당 물건을 만지거나, 특정 소리를 반복하거나, 반복적으로 몸을 흔드는 경우 감각 추구의 기능일 가능성이 높다.

라. 대체행동 교수: 새로운 기술 가르치기

PBS의 핵심은 문제행동을 단순히 억제하는 것이 아니라, 그 행동이 가진 기능을 충족시킬 수 있는 새로운 적응적 행동을 가르치는 것이다. 바로 대체행동 교수이다. 효과적인 대체행동은 다음 조건을 충족해야 한다.

첫째, 문제행동과 동일한 기능을 충족시킬 수 있어야 한다.
둘째, 현재 환경에서 실행 가능해야 한다.
셋째, 학생이 배우고 사용하기 용이해야 한다.
넷째, 문제행동보다 효율적이어야 한다. 더 적은 노력으로 같은 결과를 얻을 수 있어야 한다.
다섯째, 사회적으로 수용할 수 있어야 한다.

대체행동 교수를 위한 목표행동 세우기 예시

표적 문제행동	목표행동
집착 매번 손들기	1) 친구의 말을 충분히 듣고 우기지 않고 "응 알았어."라고 말하기 2) 매 수업 시간 발표 또는 질문은 3회까지만 하기

대체행동 교수 전략은 기능에 따라 각기 다른 방법이 고려된다. 관심 획득 기능의 경우 긍정적인 방법으로 관심을 요청하는 행동을 가르친다. 손을 들고 "도와주세요."라고 말하게 한다거나, 친절하게 말하기, 약속 상징물 활용하기, '관심 카드' 활용 등의 전략을 사용할 수 있다. 회피 기능의 경우 어려움을 명확하게 표현하는 법을 가르친다거나, 도움 요청하기, 쉬운 과제 제시하기 등의 전략을 사용할 수 있다. 감각 추구 기능의 경우 '스트레스 볼'과 같이 주변에 피해를 주지 않는 대체 감각 도구 사용하기, 적절한 시간과 장소에서 감각 활동하기 등의 전략이 있다.

마. 후속결과 및 선행 사건 조정

중재는 대체행동 교수뿐만 아니라 선행 사건과 후속결과에 대해서도 이루어질 수 있다. 문제행동을 유발하는 선행 사건 또는 환경을 조정한다거나, 문제행동을 강화하는 후속결과를 조정하는 전략이다.

1) 후속결과 조정

후속결과 조정은 문제행동에 대한 대응을 바꿔서 행동의 기능 충족을 막거나, 대체행동이 기능을 충족하는 데 더 유용하다고 판단하게 해서 문제행동을 중재하는 전략이다. 관심 획득 목적의 문제행동에 대해서 의도적으로 관심을 주지 않음으로써 문제행동을 소거하는 전략, 문제행동 대신 적절한 대체행동을 선택했을 때 강화를 주는 전략 등이 후속결과 조정이다.

학교에서 널리 사용하는 후속결과 조정 전략은 대체행동 강화 목적의 행동 약속 점검 체크리스트 활용 방법이다. 문제행동을 대체할 대체행동을 교수하고, 대체행동을 얼마나 잘 이행하고 있는지를 일정 기간 동안 체크리스트를 통해 확인하는 방법이다. 일일 행동을 점검하고, 점검 결과를 가정에서도 확인하게 한 뒤, 목표를 달성하면 체크리스트에 기록하고, 가정에서도 파악해서 보상하는 방법으로 진행한다. 부모와 협력하며 중재를 진행할 때 효과가 높다.

후속결과 조정의 예시

문제행동을 강화하는 후속결과	후속결과 조정
문제행동이 노리는 관심 주기 또는 회피 기회 부여하기	1) 문제행동 전 대체행동에 대한 약속 정하기 2) 일일 행동 약속 점검표를 이용한 행동 점검하기 3) 목표 달성 시 가정과 협력하여 보상하기

2) 선행 사건 조정

선행 사건 조정은 문제행동이 발생하기 전에 환경을 수정하여 문제행동의 필요성 자체를 감소시키는 예방적 접근이다. 개별 학생이 영향을 받는 선행 사건이 무엇인가를 파악해서 변화를 만들어 주는 접근이다. 주의 산만 요소를 제거한다거나 예측 가능성을 높이는 시각적 일정표를 제공하는 것, 갈등이 일어날 자리를 피해 배치하는 것 등은 환경을 조정함으로써 문제행동을 감소시키는 선행 사건 조정 전략이다. 과제의 난이도 조절, 과제의 단계적 제공, 규칙을 시각화하여 게시, 명확한 기대치 설정, 활동에 대한 사전 안내 등이 행동 중재에 도움이 되는 선행 사건 조정 전략이다.

CICO(Check-In Check-Out)도 대표적인 예방적 접근이다. 특히 교사나 부모 또는 또래의 관심을 얻기 위해 문제행동을 할 때에 효과적인 방법이다. 교사가 아침에 체크인하며서 학생에게 목표행동을 알려주고 점검하며, 하교할 때 하루 행동을 점검한다. 그리고 부모는 가정에서 확인 후 보상 및 강화한다. 행동 약속 점검 체크리스트 전략과 동시에 사용하면 선행 사건 조정, 후속결과 조정이 동시에 이루어지는 효과를 거둘 수도 있다.

선행 사건 조정의 예시

문제행동을 자극하는 선행 사건	선행 사건 조정
쉬는 시간, 점심시간, 심심할 때 등 문제행동이 일어나고 있는 패턴 분석	1) 문제행동 예방을 위한 학급 규칙과 보상 시스템 운영 2) 매일 아침 목표행동을 환기하는 체크인 시행 3) 문제행동을 할 때는 무시하고, 목표행동을 할 때는 칭찬하는 차별강화 적용

5. 긍정적 행동지원에 필요한 자원: 담임 교사의 역량을 뛰어넘는 환경적 지원(정책 등)

긍정적 행동지원(PBS)의 성공적인 실행을 위해서는 담임교사 개인의 노력만으로는 한계가 있다. 학교 차원의 시스템과 다양한 지원이 뒷받

침될 때 효과적인 실행도 기대할 수 있다.

가. 개별 교사 차원으로 접근하기 어려운 긍정적 행동지원

PBS가 현장에서 효과적으로 실행되기 위해서는 다음과 같은 이유로 개별 교사 차원을 넘어선 지원이 필요하다.

먼저 시간적 제약이 따른다. 개별화된 행동 중재는 계획, 실행, 평가에 상당한 시간이 소요된다. 현재 교사의 업무 부담을 고려할 때, 추가 지원 없이는 실질적인 실행이 어렵다. 긍정적 행동지원은 1~2주의 행동 관찰을 통해 과학적 데이터를 확보하고, 분석 결과를 토대로 중재 계획을 수립하는 것이 핵심이다. 이를 위해 문제행동 학생에 대한 집중적인 관찰이 필요하지만, 해당 학생 외에도 여러 학생을 살펴야 하는 교사의 형편에서는 매우 어렵고 부담스러운 일이다. 최소한 관찰만이라도 대신할 수 있는 전담 인력의 지원이 필요하다.

둘째, 개별 교사가 가진 전문성에도 한계가 있다. 모든 교사가 행동 중재에 대한 충분한 전문 지식과 기술을 갖추기는 어렵다. 심각하고 복잡한 행동 문제일수록 전문가의 의견이나 협력이 필요하다. 현재 학교에는 이를 감당할 전문성을 갖춘 인력이 상주하지 못하는 현실이다.

셋째, 긍정적 행동지원은 일관된 접근이 필요하다. 효과적인 PBS는 학교 전체 차원에서 모든 환경(교실, 복도, 급식실 등)과 학교의 모든 교직원이 일관되게 지도하면 효과가 높아진다. 다른 생활교육의 방식도 일관성이 중요하지만, 긍정적 행동지원의 경우 학교 전체에서 모든 학생에게 같은 기대행동이 제시되고, 동일한 보상 강화 전략이 추진될 때 더 큰 효과를 보여준다. 학교 교직원 전체의 협력이 절대적으로 필요하다.

나. 학교 차원의 지원 체계

효과적인 PBS 실행을 위해 학교 차원에서 구축해야 할 지원 체계는 다음과 같다.

첫째, 행동지원팀이 구성되어야 한다. 행동지원팀은 관리자와 담임교사, 상담교사, 특수교사, 학년부장들이 모여 사례 협의, 중재 계획 수립 지원, 자원 조정, 전문적 자문 제공, 학부모 상담 등의 역할을 수행하는 조직이다. 이때 관리자의 역할이 중요하다. 관리자가 행동지원팀장의 역할을 맡아 학교 인력 배치, 학교 자원 활용 등을 책임 있게 수행할 때 긍정적 행동지원은 효과를 거둘 수 있다.

둘째, 학교 전문 인력과의 협력이 필요하다. 학교 안에 상주하고 있는 상담교사와 특수교사는 긍정적 행동지원에 대한 일정 정도의 전문성을 보유하고 있다. 그러나 현재의 학교 구조에서 상담교사와 특수교사는 본인 고유 업무를 수행하는 것만으로도 감당하기 버거운 부담을 안고 있다. 상담교사 1명이 수백 명에 대한 상담을 책임지고 있기도 하고, 특수교사의 경우 정원을 초과하는 인원을 가르치고 있기 때문에 특수교육 대상 학생이 아니면서 심각한 문제행동을 보이는 학생을 지원할 여유는 거의 없다고 할 수 있다. 이 문제를 해결하기 위해서는 학교 교원 배치 구조에서의 큰 변화가 필요하다. 정서행동 위기학생을 전문적으로 지원할 수 있는 교원을 교사 정원과 별도로 배치하여, 학교 교직원 간의 협력을 매개하고 보조 인력을 운용하며 외부 전문가와 연계하는 역할을 맡도록 한다면 문제 해결에 큰 도움이 될 것이다.

셋째, 다양한 보조 인력의 지원이 필요하다. 심각한 문제행동 학생의 경우 갑작스러운 감정 폭발이나 파괴 행동 등의 위험한 상황을 일으킬 수 있기 때문에 안전 요원과 같은 보조 인력이 반드시 학교에 상주해야 한다. 이 외에도 분리 교실에서 돌봄을 전담하는 인력, 행동 관찰을 보조할 수 있는 인력 등이 함께할 때 긍정적 행동지원 실행에 도움이 될 수 있다.

넷째, 물리적 공간도 필요하다. 흥분 상태에 있는 학생이 감정을 추스를 수 있는 진정 공간, 대체 활동을 진행할 수 있는 학습 공간 등이 마련될 필요가 있다.

다. 교육 정책 차원에서의 지원

심각한 문제행동 학생, 정서행동의 위기를 겪고 있는 학생은 전국 대부분의 학교에서 흔하게 만날 수 있다. 문제 자체가 특정 지역, 특정 학교의 문제가 아니라 모든 학교에서 일상적으로 만나는 문제라는 것이다. 정부가 문제 해결을 위한 정책 개발에 적극적인 노력을 기울여야 한다.

우선, 모든 교원이 긍정적 행동지원 방안을 일상적으로 사용할 수 있도록 연수를 제공해야 한다. 모든 교원이 생활교육의 전문성을 갖고 있어야 한다는 점에서 긍정적 행동지원은 꼭 필요한 연수다. 문제행동 학생이 아니더라도 보통 학생들의 생활교육에도 적용할 수 있고, 학교 차원의 긍정적 행동지원 시스템을 구축할 토대가 될 수 있다.

교원 양성 과정에서 예비 교사들에게 생활교육 전문성으로서 긍정적 행동지원(PBS)을 배우고 익히도록 해야 한다. 어느 때보다 생활교육의 전문성이 중요해지고 있기 때문에 정책적으로 이를 확대하고 지원해서, 새롭게 학교에 들어오는 교원들이 생활교육의 전문성을 가지고 학생들을 가르칠 수 있도록 해야 한다.

또한 교원 자격 제도의 변화가 필요하다. 교장, 교감으로 승진하는 길 외에 장기적 관점의 교직 목표를 가질 수 없다는 점은 교직 사회의 역동을 약화하는 한 요인이 되고 있다. 수석교사 제도가 있긴 하나, 선발 인원이 적고, 수업에 국한된 역할을 요구받기 때문에 영향력에 한계가 있다. 풍부한 교육 경험을 가진 교원이 각자 전문성의 영역에서 이바지할 수 있도록 할 필요가 있다. 정서행동 위기학생을 지원하는 전문성이나 수업 코칭, 갈등 조정 등은 꼭 필요하면서도 상당한 전문성을 요구한다. 1정 교사 자격증 취득 이후에 전문 교사 자격을 둔다거나 전문 영역별로 수석교사를 선발하여 배치하는 방안 등 다양한 방식으로 교원 자격 제도의 변화를 만들 필요가 있다.

학교와 외부 기관의 협력 체계를 만드는 것도 시급하게 추진되어야 할 일이다. 교육 가능한 문제행동의 경우 당연히 학교에서 교사들이 담당할 수 있지만, 전문적이고 치료 개입이 필요한 경우에는 외부 기관에 바로 연계할 수 있는 협력 체계가 구축되어야 한다. 이를 학교 차원에서 접근하기는 어렵다. 정부 차원에서 아동·청소년의 정신 건강을 책임질 전문 의료 기관과 의료 인력을 확대하는 일에 나서야 한다. 그리고 교육청 차원에서 지역 사회 전문 기관과 학교 사이의 협력 체계를 구축해야 한다.

나눔 질문

1. 교실에서 만난 문제행동 사례를 한 가지씩 이야기해 봅시다. 그 상황에서 가장 먼저 들었던 생각이나 고민은 무엇이었나요?

2. 학생의 문제행동을 '조작적 정의'를 통해 관찰할 수 있고 측정 가능한 용어로 정의해야 한다는 말에 대해 어떻게 생각하시나요? '수업을 방해한다'보다 '수업 중 자리를 이탈한다'와 같은 정의가 교사-학생-학부모 간의 소통에서 주는 이점은 무엇일까요?

3. 긍정적 행동지원에는 문제행동이 벌어진 이후에 대처하는 사후 대응 전략과 문제행동이 일어나기 전에 대처하는 사전 예방 전략이 있습니다. 현재 선생님의 학교에서는 사후 대응과 사전 예방 중 어떤 대응을 주로 하고 있나요? 그 대응은 효과적인가요?

2부

주의 산만, 무기력

문제행동을
잘 관리하는 교사는
문제행동이 일어난 후의 훈육보다
예방에 중점을 둔다.

─《교실에서 별을 만나다》 중에서

제2장

말을 하지 않아 답답해요, 함묵이

함묵이에 대한 정보

★ 함묵이는

- 초등학교 1학년 남학생(이란성 쌍생아, 여자 쌍생아 형제가 같은 학급에 있음.)
- 낯선 곳에 가면 누가 물어봐도 전혀 말하지 않으나 집에 오면 하루 동안 하지 못한 말을 폭풍처럼 쏟아냄.
- 유치원에서도 함묵증 증상을 꾸준히 보였으나 아직 상담받지는 않음.
- 아세바 검사 결과 위축/우울 임상 범위, 사회적 미성숙 준임상 범위에 해당

★ 주요 행동 특징

- 분리불안: 입학한 뒤 교문에서 엄마와 떨어지지 못함.
- 강한 내향형의 특징
  ① 쉬는 시간에 친구들과 말하지 않고 조용히 혼자서 그림을 그리거나 주변을 바라보며 탐색함.
  ② 언행이 차분하고 꼼꼼함: 색칠하기나 글씨 쓰기 등 개별 활동 시간에 집중해서 참여하고 학습 결과물이 우수함.

함묵이 행동 중재 과정

목 표 행 동

말해야 하는 상황이 오면 입을 열어 말을 한다.

선행 사건 (A)	문제행동 (B)	후속결과 (C)
말하기가 요구되는 상황이 온다.	말해야 하는 상황이 오면 30초 이상 가만히 있거나 운다.	1) 선생님이 말하지 않아도 되니 다음 사람으로 넘어가라고 지도한다. 2) 학생들이 얼른 말하라고 한다.
선행 사건 조정	**대체행동 교수**	**후속결과 조정**
① 편안한 학급 분위기 조성-친구마다 꽃 피는 속도가 다름에 대한 인식을 공유하기 ② 강점 찾기 ③ 체크인: 눈 맞춤, 신체접촉, 기대행동 인지시키기	④ 촉구[3] - 신체적 촉구: 말하지 않더라도 일어났다 앉기 - 모방하기 촉구: 말하기 틀을 제시하기 - 구어적 촉구: 교사가 옆에 가서 작은 소리로 먼저 말하고 따라 하게 하기	⑤ 교실에서 어떤 말이라도 하면 그 순간을 놓치지 않고 칭찬해 주기 ⑥ 행동 약속 일일 점검 체크리스트[4]

엄마랑 떨어지는 게 두려워요

"어머니, 함묵이가 오늘도 아직 등교를 안 했어요."

"선생님, 오늘은 진짜 안 되겠어요. 교문에서 저한테 딱 달라붙어서

---

3 바람직한 행동을 유도하려고 인위적인 자극을 제공하는 것을 '촉구'라고 합니다. 말로 지시하거나 힌트를 줌(구어적 촉구), 손짓이나 몸짓으로 유도(신체적 촉구), 행동을 직접 보여줌(모방하기 촉구) 등이 있습니다.

4 부록 187쪽 간단 설명 자료를 참고해 주세요.

울고 있어요."

"아이고, 또 그랬군요! 제가 바로 내려갈게요."

1학년 입학한 지 딱 일주일째 되던 아침이었다. 나는 난감했다. 매일 아침, 다른 학생들을 두고 함묵이만 데리러 교문에 갈 수는 없는 노릇이고…. 그래서 고민 끝에 다음날부터는 엄마가 교실까지 데려다주기로 했다.

다음날 아침, 함묵이는 엄마 손을 꼭 잡고 교실 앞까지 왔다. 나는 엄마에게 함묵이를 꽉 안아주시고 열을 세라고 말했다. 분리에 대한 불안을 감소시키려는 대처 방안이었다.

"함묵아, 이제 열까지 셀 거야. 열이 끝나면 엄마랑 헤어지고 선생님이랑 교실에 들어가자!"

엄마는 열을 세자마자 뒤도 안 돌아보고 떠났다. 그런데 그 순간 "아악!" 함묵이가 갑자기 비명을 질렀다. 분리불안이 폭발한 것이다. 몇 번 더 크게 울부짖더니, 내 손을 슬쩍 잡고는 조용히 교실로 들어왔다. 참 이상하게도, 교실에 들어오자마자 함묵이는 평화롭게 수업에 참여했다. 더 이상 엄마를 찾지도 않고, 일과를 잘 마쳤다.

오후에 어머니와 상담했다. 어린 시절부터 유치원 때까지 함묵증이 심했다고 말씀하신다. 이란성 쌍생아인 함묵이. 쌍생아인 여학생은 편한 기질이었고 함묵이는 어릴 때부터 기질이 까다롭고 예민했다고 표현하신다.

"친척 집에 가서 어른들이 무언가를 물어보아도 전혀 대답을 안 해요. 그러다가 집에 오면 쌍둥이 형제에게 이런저런 말을 폭포처럼 쏟아내지요. 아마 종일 못 한 말을 다 쏟아내는 것 같아요. 유치원 때도 아무리 발표를 시켜보려고 해도 발표도 하지 않고 대답도 하지 않아서 포기했어요. 초등학교에 가서 적응을 잘할 수 있을까? 늘 노심초사네요. 그런데 입학하고 일주일간 잘 헤어져서 안심하고 있었는데 오늘 함묵이가 교문에서 울기 시작해서 걱정이에요."

말하는 게 두려워요

어느 날, 급식실에 가려는데 함묵이가 자리에서 일어나지 못하고 계속 울고 있다. 이유를 들어보니 3교시 국어 시간에 같은 모둠 친구가 함묵이에게 "네 차례니 빨리 말해."라고 했다고 한다. 그 이후로 함묵이는 엄마가 보고 싶다고 울기 시작한 것이다.

나는 당황스러웠다. 학생들을 잠시 자리에 앉힌 뒤 우리 반 구호인 '모두 다 꽃이다'에 관한 이야기를 들려주었다. "얘들아, 꽃이 피는 속도가 다 다르지? 봄에 피는 꽃, 여름에 피는 꽃, 가을에 피는 꽃, 겨울에 피는 꽃이 있듯이 친구들도 각자 깨어나는 속도가 다르단다. 함묵이가 말하지 않더라도 그대로 두고 다음 친구가 말하면 된단다. 그대로 바라보고 기다리면 언젠가 함묵이도 꽃을 피울 거야." 함묵이를 안정시켜 눈물을 그치게 한 뒤 급식실로 향했다.

혼자 노는 게 좋아요

쉬는 시간이다. 함묵이는 쉽게 친구들에게 다가서지 못한다. 자신의 자리에 앉아 다른 친구들을 탐색한다. 친구들이 무엇을 하는지 지켜보다가, 혼자 조용히 그림을 그린다. 3월은 함묵이에게 탐색의 시간이다.

4월의 어느 날, KD(학교생활 적응검사)를 실시했다. 함묵이의 그림에는 급식판과 쌍생아인 여학생만 있고 여전히 다른 친구들과 선생님은 없다. 함묵이에게는 아직도 학교가 낯선 듯하다. 그리고 여전히 놀고 싶어도 친구들에게 함께 놀자고 말하지 못하는 위축된 모습이 보인다. 급식을 먹은 뒤 자유 시간을 주었다. 학생들 대부분이 급식 후에 8자 놀이를 하며 서로 가위바위보로 편을 나누고 있는데 함묵이는 8자 놀이 밖에서 머뭇거리며 보고만 있다. 나는 개입하지 않고 일부러 지켜보았다. 2~3분 정도 시간이 흐른 뒤 같은 반 친구가 같이 놀자고 말하니 조용히 웃으며 놀이에 참여한다. 아직은 자신의 주장을 내세우거나 마음을 표현하는 것이 어려운 것 같다.

있는 듯 없는 듯 조용해요

함묵이는 강한 내향형이다. 어쩌면 내향형들은 글과 그림으로 표현하는 것이 훨씬 수월할 것이다. 나는 그것도 표현하는 것으로 생각한다. 다만 음성 언어로 표현하지 않을 뿐. 함묵이는 조용히 교사의 지시사항을 듣고 그림으로 꼼꼼하게 표현하고 색칠했다. 정리 정돈이나 학교의 규칙을 지키는 일 등은 그 누구보다도 잘 지켰다. 오히려 수업 시간에 이상한 소리를 내거나 자기주장이 세서 친구들과 갈등을 만들어 내는 학생이 더 힘들었다. 함묵이는 있는 듯 없는 듯 주변에 피해도 주지 않고 교사의 도움이 없이도 과제를 척척 해내었다.

상담 선생님께서 학급에 오셔서 한 시간 수업하셨는데, 함묵이를 바로 알아보셨다. 선생님은 지금 상담받지 않으면 6학년이 되어서도 말하지 않는 경우가 많다고 조언해 주셨다. 나는 아직 입학한 지 한 달이 채 지나지 않았기 때문에, 1학기 동안은 지켜보자고 말씀드렸다. '아, 함묵이는 자칫 교사가 놓치기 쉬운 학생일 수 있겠구나!' 하는 생각이 들었다. 나는 함묵이에게 말하는 경험을 선물로 주고 싶었다. 초등학교 1학년이 적기이지 않을까 생각했다.

1. 학생의 문제행동 이해를 위한 자료 수집 과정

1) ABC 관찰

A (선행 사건)	B (문제행동)	C (후속결과)
번호대로 돌아가며 '저는 1학년 0반 0번 누구입니다.'라고 말하는 상황	자기 차례가 되자 울고 일어나지 않는다.	교사가 당황하여 발표하지 않아도 된다고 말하며 토킹 피스를 다음 친구에게 준다.
교문에서 엄마와 떨어져 교실로 들어와야 하는 상황	엄마 손을 잡고 놓아주지 않는다.	전화를 받고 교사가 교문으로 나가서 함묵이를 데리고 온다.
국어 시간에 "네가 말할 차례야."라고 친구가 말해 주는 상황	눈물을 흘리며 모두가 들을 만한 소리로 울기 시작한다.	옆 친구가 "엄마가 보고 싶어서 운대요."라고 말한다.
옆 친구가 "엄마가 보고 싶어서 운대요."라고 말하는 상황	계속 소리내어 운다.	'모두가 꽃이다' 이야기를 전체에게 들려준다.
학급 장기자랑 시간에 모두가 발표하는 상황	말은 하지 않고 우리 반 전체를 그린 그림을 실물화상기에 비춘다.	교사가 우리 반 친구들 특징이 나타나게 잘 그렸다고 칭찬한다.

2) 조작적 정의

범주	조작적 정의
선택적 함묵증	돌아가며 말해야 하는 상황(줄줄이 발표, 짝, 모둠 활동)에서 말하지 않는 행동

3) 문제행동의 패턴 찾기

언제(상황을 유발하는 조건)	자신이 말해야 하는 차례가 되면(말하기가 요구될 때)
학생이 (문제행동)을 하게 됩니다	울거나 말하지 않고 가만히 있다.
(기능)을 하기 위해	말해야 하는 상황(과제)을 회피하기 위해서
이는 (배경 사건/선행 사건) 때 일어나기 쉽습니다	이는 줄줄이 발표, 모둠에서 돌아가며 말하기 때 일어나기 쉽습니다.

2. 행동 중재

1) 문제행동의 기능, 목표행동 정하기

5월이다. 어린이날을 맞이하여 학급 발표회를 한다. 다른 친구들은 춤추기, 퀴즈 내기, 줄넘기 등 자신의 끼를 뽐내려고 들떠 있다. 친구들은 들떠 있는데 반대로 함묵이는 발표회가 더욱 힘든 학생이다. 여러 친구 앞에서 몸과 말로 표현하는 것은 힘들어 할 것 같아 고민 끝에 함묵이의 그림을 실물화상기로 보여주자고 했다. 오후에 함묵이 어머니와 통화를 하니 함묵이가 엄마에게 "엄마, 나는 용기를 꺼내고 싶은데 왜 못 꺼낼까?"라고 말했다고 한다. 나는 이때라고 생각했다. 어느 정도 학교생활에 적응도 되었고 엄마의 간절함과 학생의 의지가 있다는 것은 행동 중재하기에 적합한 때라고 판단했다. 그 용기를 꺼낼 수 있도록 단계별로 도와주기 위해 긍정적 행동지원을 시작하기로 했다.

함묵이의 목표행동은 '함묵이는 돌아가며 말할 때(줄줄이 발표, 아침 이야기 등) 내 차례가 오면 일어나서 말한다.'이다. 그동안 함묵이가 말하지 못한 이유는 첫째, 강한 내향형 기질이다. 타고 태어난 기질 자체가 내향형이라서 굳이 말하지 않아도 그다지 불편하지 않다는 것이다. 둘째, 회피이다. 말하지 않고 가만히 있으면 누군가가 말을 대신해 주고 고개만 끄덕이면 그 순간을 지나갈 수 있었던 경험이 있다. 말하지 않는 것은 함묵이에게 과제나 그 상황을 피할 수 있게 한다.

동기사정척도

구분	감각 놀이	회피	관심 얻기	구체물 얻기
총점	1	11	0	0
관련 순위	2	1	3	3

2) 선행 사건 조정

①편안한 학급 환경 만들기

행동지원 프로세스는 예방을 중요시한다. 함묵이가 말하지 못했을 때 학생들이 강압적으로 말하라고 한다면 함묵이는 불안하여 더 입을 다물 것이다. 나는 먼저 정서적으로 편안한 학급을 만들려고 노력했다. 함묵이가 말을 하지 않아도 누구도 말하라고 강요하지 않는 학급 분위기가 중요하다고 생각했다.

'꽃 피는 속도가 다른 교실'이라는 3월의 이야기가 학생들에게 잘 스며들었다. 3월 학부모 상담 주간에 부모님들을 만났는데 많은 분이 "엄마, 우리 선생님이 그러는데 사람마다 꽃이 피는 속도가 다르대. 그래서 기다리면 다 꽃을 피운대."라고 말했다고 한다. 나는 뿌듯하고 안도감이 들었다.

먼저 나는 함묵이가 말할 순서가 되었는데 말하지 않을 때 강제적으로 입을 열게 하기보다는 안 할 수도 있다고 생각하고 다음 사람이 하면 된다고 말했다. 기대되는 행동을 분명히 하고 구체화한 것이다. 이때 학생들이 지나치게 물어보고 관심을 보이는 것도 오히려 말 안 하는 행동을 강화할 수 있다고 생각했다.

국어 시간에 '말하기'에 관한 공부를 하면서 말하는 것이 편한 친구, 듣는 것이 편한 친구, 글과 그림으로 표현하는 것이 편한 친구 중 나는 어디에 해당하는지 손을 들어보라고 했다. 18명 중 5명 정도는 듣는 것이 편하고 그림과 글로 표현하는 것이 더 편하다고 손을 들었다. 수업 시간을 통해 표현하는 방법도 친구들 모두가 다르다는 것을 공유했다. 말하는 것이 불편한 친구가 있다는 것을 당연한 것으로 받아들이며 대변해 주거나 과한 관심을 주지 않도록 학생들과 이야기를 나누었다.

편안한 교실 정서 만들기

② 내향형 학생의 강점 찾기

함묵이의 경우 아세바 검사[5] 결과 내재화 영역 중 위축/우울 지수가 준임상 범위에 해당하는 것으로 나타났고 DSM 진단[6] 기준에서 불안 문제가 보이는 것으로 파악되었다. 선택적 함묵증이 있는 아동의 위축 행동은 아동기에 발생할 수 있는 사회 부적응 행동 중의 하나로, 일반적인 내면화 장애 범주에 속하며 신경증 행동 특성의 한 부분으로 간주했다.[7]

따라서 나는 함묵이에게 있는 강점에 초점을 맞췄다. 함묵이에겐 내향형 학생의 강점이 많았다. 교사나 친구들의 말을 주의 깊게 경청하고 정리 정돈을 잘하며 앉는 자세도 바르고 작품의 완성도도 높았다. 나는

5 아세바(ASEBA) 검사는 아동 및 청소년의 정서, 행동, 사회성 문제를 평가하는 종합적인 평가 도구입니다. 아동의 행동 문제를 내재화(예: 불안, 우울) 및 외현화(예: 공격성, 비행) 문제로 구분하여 평가합니다. 부록 186쪽 간단 설명 자료도 참고해 주세요.

6 DSM은 '정신질환 진단 통계 편람(Diagnostic and Statistical Manual of Mental Disorders)'의 줄임말로 정신의학 분야에서 가장 널리 사용되는 진단 체계입니다. DSM은 정신질환을 관련 증상에 따라 22개의 범주로 분류하고 있습니다.

7 장은선(2012). 자기표현력 향상을 위한 미술치료가 선택적 함묵증 아동의 우울·불안 및 위축행동 개선에 미치는 영향. 관동대 교육대학원 석사학위 논문

이런 함묵이의 강점을 기회만 되면 전체 앞에서 칭찬해 줬다. "우리 함묵이가 정말 잘 듣고 있네." "우리 함묵이가 글씨를 반듯반듯하게 써서 알아보기가 편하네." "함묵이가 수업 준비를 한 뒤 손을 무릎 위에 두고 선생님을 잘 바라보고 있네." 함묵이가 칭찬을 들으며 더 자신감이 생기기를 바라는 간절한 마음에서 나오는 말들이었다.

③ 아침마다 인사하고 약속 확인하기

나는 아침마다 학생들을 일대일로 맞아주는 시간이 참 즐겁다. 인사하기, 눈 마주치기, 하이 파이브 하기 등은 내가 학생들을 환대하는 방법이다. 함묵이도 다른 친구들과 똑같이 아침에 등교하면 내게 인사를 하러 온다. 나는 일부러 함묵이에게 귀를 가져다 댄다. 함묵이는 큰 소리는 아니지만 내 귀에 들릴 정도로 서서히 인사를 하기 시작했다. 교사와 친밀감을 형성하는 매우 소중한 시간이다. 함묵이와 즐겁게 아침 인사를 나눈 뒤 일일 행동 점검 카드로 체크인했다.

"함묵아, 오늘 단어(화장실 등)로 말하면 1점, 문장(안녕하세요 등)으로 말하면 2점, 전체 앞에서 말하면(아침 이야기 진행 등) 5점 얻는 거 알지? 점수 모으기 게임, 오늘도 잘해 보자."라고 말하며 그날 하루의 기대행동을 인지시킨다. 함묵이는 만들기를 좋아한다. 그래서 보상 물품으로 만들기 세트 도구를 정했다. 25점을 모으면 꼬마 퍼니콘, 40점을 모으면 크리스마스 분위기 등, 50점을 모으면 가정에서 게임 60분을 할 수 있는 보상 계획이 있었다. 이렇게 아침마다 기대행동을 인지시키고 강화물을 확인시키는 시간을 가지며 함묵이를 격려했다.

3) 대체행동 교수

① 말하지 않더라도 일어났다 앉기

함묵이는 의자에서 일어나는 것도 힘들어 했다. 나는 함묵이 곁에 다가가서 웃는 표정과 편안한 눈빛을 보내며 "함묵아, 괜찮아. 한번 일어나 볼까?"라고 말했다. 함묵이가 일어나지 않는 경우가 많았지만, 그때마다 "괜찮아. 다음엔 일어나 보자."라고 말했다. 이런 과정이 반복되면서 어느 순간 함묵이는 일어났다.

② 교사가 옆에 가서 작은 소리로 먼저 말하고 따라 하게 하기

우리 반에서는 날마다 '아침 열기'를 한다. 요일마다 말하기 틀을 제시하였다. (예: 오늘 내 마음의 신호등은 초록색입니다. 제 이름은 ○○○입니다. 오늘 제가 먹은 음식은 ○○○입니다.) 함묵이 차례가 되면 함묵이의 눈과 입을 보며 작은 소리로 속삭이듯 먼저 말을 했다. "나는"이라고 말하면 함묵이가 나의 소리를 따라 했다. 물론 아무 말도 안 하고 앉을 때도 많았지만 그때마다 오늘은 앉았다 일어났으니, 내일은 소리를 내어 보자고 격려하고 아무렇지도 않은 표정으로 앉으라고 하며 다음 친구에게 기회를 주었다.

5월, 중재를 시작한 다음날, 기적 같은 일이 일어났다. 드디어 함묵이는 마음속의 용기를 꺼냈다. 우리 반은 아침마다 번호대로 돌아가며 아침 이야기를 진행한다. 함묵이는 전체 앞에서 말해 본 적이 없기에 당연히 못 할 것으로 생각했다. 나는 큰 기대를 하지 않고 함묵이에게 이

끔이 역할을 권하고 힘들면 다음에 해도 된다고 이야기했다. 그런데 그 순간 함묵이의 입이 터지기 시작했다. 학생들과 나는 기쁨과 반가움에 어쩔 줄 몰랐다. 나는 너무 기뻐서 드디어 함묵이가 용기를 꺼냈다고 칭찬해 주며 학생들과 다 함께 손뼉을 쳐 주었다.

나는 너무 기뻐서 쉬는 시간에 함묵이 엄마께 전화했다. "어머니, 드디어 함묵이가 말했어요. 그것도 교탁 앞에서요." "정말요? 선생님, 정말 감사해요. 다 선생님 덕분이에요. 아이를 병원에 데려가야 하나 엄청나게 고민하고 있었거든요." 함묵이 엄마와 나는 마치 로또에 당첨된 것처럼 한마음이 되어 기뻐했다.

아침 이야기 돌아가며 진행하기

4) 후속결과 중재

① 한 번의 성공 경험은 학생의 미래를 만드는 것

함묵이가 일어서지 못할 때, 아무 말도 안 할 때는 그냥 아무 일 없는 듯 무시하고 넘어간다. 그러다가 함묵이가 조금이라도 말할 경우는 칭찬과 격려를 해서 행동이 지속되는 것을 도왔다.

한 번의 성공 경험은 학생의 미래를 만드는 것 같다. 한 번 말하기를 경험한 함묵이는 그 이전보다 말하는 횟수가 많아졌다. 나는 함묵이의 말하는 대상을 늘리기 위해 학생들에게도 도움을 요청했다. 학생들은 함묵이의 말 한마디를 놓치지 않고 말할 때마다 나에게 와서 알려주었다. 교사와 친구들의 관심 속에 함묵이의 말하기는 멈추지 않고 계속되었다.

② 행동 약속 일일 점검 체크리스트

하교한 뒤 함묵이는 곧바로 내게 온다. 하루 동안 얻은 점수를 합하여 써 준 뒤 교사가 사인한다. 함묵이는 일일 기록 카드를 집에 가져가서 엄마께 확인받아서 다음날 다시 학교로 가져온다. 이때 나는 하루 동안 함묵이가 노력한 일에 대해 구체적으로 칭찬하며 체크아웃한다. 놀랍게도 중재를 시작한 지 10일도 안 되어서 함묵이는 최고 목표 점수였던 50점을 모았다.

3. 중재 후 변화 모습: 함묵이의 목소리 찾기

2학기가 되었다. 1학기 때는 전체적으로 돌아가며 발표하는 기회가 많았다면 2학기는 짝 활동, 모둠 활동의 수업 형태가 많아졌다. 나는 2차 중재를 하여 함묵이의 말하기 내용을 도와주고 싶었다. 함묵이도 하고 싶다고 하였다. 두 번째 목표행동은 '함묵이는 짝 활동, 모둠 활동에서 내 차례가 되었을 때 내 생각을 말한다.'로 정했다. 나는 다시 모둠 활동을 할 때 옆으로 가서 말하는 방법을 알려줬다. 이번의 강화물은 '만들기와 워터파크 가기'이다. 2차 중재 후 함묵이는 비록 유창하게 자기 생각을 충분히 말하지는 못해도 짝 활동, 모둠 활동에서 자신의 차례가 오면 간단하게 말하는 모습을 보였다.

아래 표에서 보는 것처럼 함묵이는 긍정적 행동지원을 한 뒤 확연히 다른 모습을 보였다. 중재가 사라지면 기대행동도 사라지지 않을까 염려했으나 행동은 안정적으로 1년 동안 유지되었다. 여러 친구 앞에서 아침 이야기 진행을 했고 돌아가며 말할 때 비록 소리가 작아 잘 들리지 않을 때도 있었으나 일어나서 말했다. 짝 활동, 모둠 활동에서도 간단히라도 이야기했다. 수업 중 "그림에서 숨은그림찾기 문제를 내 볼까?"라는 단순 질문에는 자발적으로 손을 들어서 "빨간 옷 입은 여학생을 찾아라."와 같은 발표를 하는 모습을 보였다. 함묵이의 변화 그래프를 보니 하나의 기대행동에 대한 성공 경험은 유사한 다른 기대행동을 수행하는 것에 매우 긍정적인 영향을 미침을 알 수 있었다.

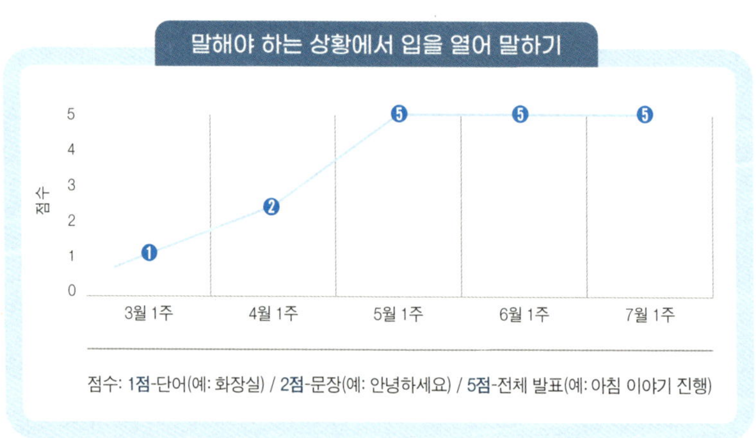

학생이 알을 깨고 나올 때 옆에서 도와주는 교사

함묵이와의 긍정적 행동지원을 1학기 1회, 2학기 1회 진행하였다. 특별히 함묵이는 내재화된 불안 문제를 기반으로 하기에 정서적으로 편안한 관계 형성을 중요하게 여겼다. 이를 바탕으로 3~5월 초까지 적응의 시기를 기다린 뒤 5월에 행동지원을 시작한 것이 적절했던 것 같다. 목표행동은 '함묵이는 돌아가며 말할 때(줄줄이 발표, 아침 이야기 등) 내 차례가 오면 일어나서 말할 것이다.'였는데 놀랍게도 중재를 시작하자마자 효과를 보였다. 눈 마주치기, 선생님께 인사하기, 단어, 문장, 짝, 모둠, 전체의 방향성을 가지고 한 걸음 한 걸음 나아가도록 도왔다. 말할 때마다 기회를 놓치지 않고 긍정적인 보상(사회적 강화 및 물리적 강화)을 통해서 점차 말하는 횟수나 말하는 대상을 늘려갔다. 이 행동은 중재 이후 학년 말까지 유지되었다.

2학기에는 1학기의 행동 약속을 그대로 이어가면서 한 발짝 나아간 목표행동으로 '함묵이는 짝 활동, 모둠 활동에서 내 차례가 되었을 때 내 생각을 말한다.'로 정했다. 큰 소리로 유창하게 자기 생각을 말하지는 않지만, 자신의 차례가 오면 작은 소리일지라도 표현은 한다. 중재 이후 함묵이의 변화된 행동이 안정되게 유지되고 있다는 점이 매우 고무적이다.

함묵이와 함께 지내며 몇 가지 성찰한 것이 있다.

첫째, 선택적 함묵증은 교사가 간과하기 쉬운 문제행동일 수 있다는 것이다. 함묵증은 조용히 발생하기 때문에 교사의 학급 운영에 아주 방해되는 요소는 아니다. 교사들은 수많은 외현화된 문제행동을 당장 맞닥뜨리며 살고 있다. 이를 감당하기에도 버거운 것이 현실이다. 그러나 함묵증은 적기에 건드려 주지 않으면 사춘기 이후까지 지속될 수 있는 문제행동임이 분명하다. 그냥 놔두면 언젠간 말할 것으로 생각하며 편안하게 대해 주는 일도 필요하지만, 학생이 알을 깨고 나오려고 할 때 교사도 함께 밖에서 알을 깰 수 있도록 도와주는 일이 성장과 발달을 위해 필요한 일이다.

둘째, 학령기 아동의 경우 정서적으로 편안한 학급 분위기는 행동지원의 토양이다. 우리 반 학생들이 함묵증이 있는 친구를 '잘 듣는 친구', '글과 그림으로 표현하는 것이 더 편안한 친구'로 받아들였기에 함묵이가 입을 열 수 있었으리라 생각한다. 비고츠키는 "학생들은 체험을 통해 사고한다. 학생들은 긍정적 감정을 동반한 경험을 기억한다."라고 말한다. 긍정적 감정을 일으키는 체험은 발달을 촉진하지만, 부정적 감정을 일으키는 체험은 스트레스를 유발하고 발달을 저해한다. 교실 안에서 날마다 일어나는 교사와의 관계, 학생들과의 관계는 학생들에게 날마다 일어나는 체험이다. 저 친구는 원래 말을 안 한다는 낙인 효과와 환경 조성은 오히려 함묵이를 더 말 못 하게 하는 불안 요소이다. 학생들 사이의 긍정적 상호 작용이 일어날 수 있도록 보편 중재를 탄탄하게 하는 것이 밑거름이다.

셋째, 긍정적 행동지원을 적용할 때 단계별로 적용하는 것이 효과적임을 발견했다. 3월에 바로 시작하기보다는 학생이 학교생활에 조금 적응이 된 5월에 시작했다. 편안한 학급 분위기가 있었기에 함묵이의 말하기도 성공할 수 있었다고 생각한다. 처음에는 일어나서 말하기에만 초점을 두었고 이 행동이 안정화되었을 때 말하기를 시도했다. 실제로 한 번 여러 사람 앞에서 아침 이야기를 진행한 함묵이는 이후 짝 활동, 모둠 활동이라는 비슷한 상황에서도 성공적인 말하기 경험을 한 것을 관찰할 수 있었다.

나눔 질문

1. 우리 교실에 있는 선택적 함묵증 학생의 주된 특징은 무엇인가요? 사례 속 학생과 어떤 공통점이 있나요?

2. '꽃 피는 속도가 다르다'는 학급 이야기 공유가 학생의 불안을 어떻게 완화했을까요? 우리 학급의 편안한 학급 분위기를 조성하기 위해 적용하는 방법이 있다면 나누어 보세요.

3. 바람직한 행동을 유도하려고 인위적인 자극을 제공하는 것을 '촉구'라고 합니다. 학생이 자연적인 자극만으로는 행동이 어려울 때 추가적으로 사용합니다. 말로 지시하거나 힌트를 줌(구어적 촉구), 손짓이나 몸짓으로 유도(신체적 촉구), 행동을 직접 보여줌(모방하기 촉구) 등이 있습니다. 이 중 교실 현장에서 가장 적용하기 쉽다고 생각하는 것은 무엇인가요? 사용해 본 촉구 전략은 어떤 것이 있나요?

" 우리 선생님이 그러는데
사람마다 꽃이 피는 속도가 다르대.
그래서 기다리면 다 꽃을 피운대. "

제3장

수업 시간에 엎드려 자는, 무심이

무심이에 대한 정보

★ 무심이는

- 초등학교 2학년 남학생
- 아세바 검사 결과 정서 문제, 주의집중 문제(ADHD), 인지 속도 부진, 성적 및 학교적응 부분 임상 범위에 속함.
- K-WISC-IV(한국웩슬러 아동용지능검사 4판) 검사 결과 작업 속도는 평균 이하, 처리 속도는 매우 늦음.

★ 주요 행동 특징

- 읽기는 할 수 있으나 기초 쓰기가 안 됨.
- 수업 시간 활동을 하지 않고 많은 시간 엎드려 있는 경우가 많음.
- 수업 시간에 자리와 교실을 자주 이탈함.
- 하루에 여러 차례 친구와의 갈등이 있음.

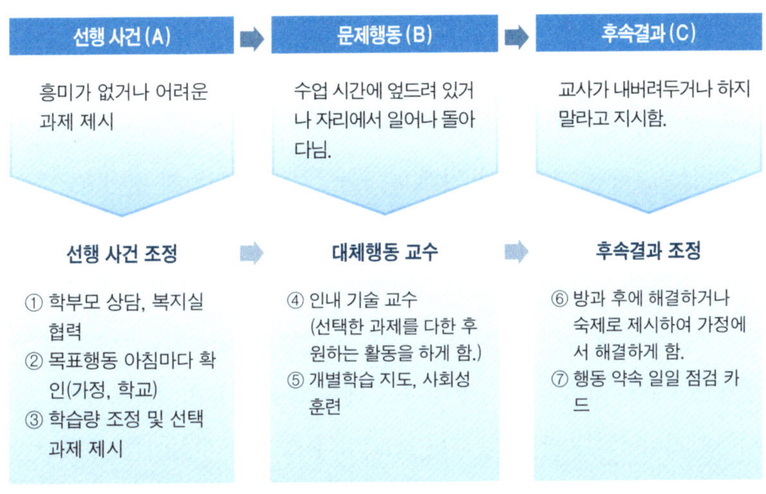

밤에는 게임하고 수업 시간에는 엎드려 자는 학생

썰물처럼 학생들이 빠져나간 교실을 청소하다가 교실 한구석에서 평가지 한 장을 발견했다. '김무심.' 구겨진 평가지에는 이름 하나 달랑 적혀 있었다. 이 평가는 1학년 때 배운 기초적인 내용을 평가하는 진단평가로 그림만 봐도 맞힐 수 있을 문제들도 있었다. 구겨진 평가지를 본 뒤 며칠을 지켜보니 무심이는 학습지, 교과서 문제 풀기, 알림장 쓰기 등 쓰기 활동은 시작도 하지 않을 때가 많았다.

"선생님, 무심이 자요!"

무심이 짝꿍이 소리친다. 친구들의 큰 소리에도 무심이는 한잠을 자고 있다. 수학 시간에 한참을 엎드려 있더니 결국 잠이 든 모양이다.

"무심아, 집에 가야지. 일어나!"

가까이 가서 깨워도 무심이는 일어나지 못했다. 반 학생들이 모두 가고 한참 뒤에야 무심이는 겨우 눈을 떴다. 실컷 잤는지 무심이는 가방을 주섬주섬 챙기더니 교실 밖으로 나갔다.

"한글도 1학년 마치니까 읽데요. 저는 억지로 시키지 않아요. 다른 공부도 시간 지나면 다 할 겁니다."

5월이 되어서야 찾아간 가정방문에서 무심이 아버지가 하신 말씀이다. 그런데 함께 가신 복지사님의 말씀은 달랐다. 무심이 1학년 담임 선생님이 1년 내내 무심이에게 방과 후에 한글을 가르치셨다고 한다. 그 덕분인지 무심이는 한글은 제법 잘 읽었다. 그러나 무심이는 아주 간단한 받아쓰기도 못 했다. 게다가 무심이 아버지는 무심이가 밤늦게까지 태블릿으로 게임하는 것도 허용해 준다고 하셨다. 무심이는 그렇게 부족한 잠을 학교에 와서 자나 보다.

수업 시간에 몰래 교실을 빠져나가는 학생

통합 수업 시간, 학생들이 저마다 색칠과 오리기에 한창이다. 그런데 자리에 무심이가 없다! 나는 얼른 교실 밖으로 나가 이리저리 무심이를 찾아보았다. 화장실에도 없다. 복도 동편 끝에도, 서편 끝에도 없다. 1층 계단 밑으로 내려가 보니 무심이가 멀뚱멀뚱 서 있었다. 다행히도 무심이는 교실로 순순히 나를 따라왔다.

나는 무심이를 자리에 앉히고 색연필을 꺼내 손에 쥐여주고 색칠하는 과제를 주었다. 무심이는 자리에 곧잘 앉아 있나 싶었는데 다른 학생들을 살피는 사이에 교실에서 또 조용히 사라졌다. 이번에는 화장실이다. 무심이는 거기서 색칠하다 묻은 사인펜을 씻고 있었다.

수업 시간에 내가 무심이를 보고 있지 않을 때, 그때를 놓치지 않고 무심이는 감쪽같이 사라졌다. 교실 문 앞, 복도, 화장실, 어떤 날은 운동장을 가로질러 한참을 가야 하는 본관까지 가 있기도 했다. 수업하다가도 무심이가 안 보이면 나는 다른 학생들을 두고 무심이를 찾으러 가야 했다. 학교에서 학생이 교실에서 사라지는 일은 교사가 보이지 않는 곳에서 어떤 문제가 일어날지 모르기 때문에 심각한 문제이다. 나는 무심이에 대해서 더 알아봐야 했다.

1. 학생의 문제행동 이해를 위한 자료 수집 과정

1) 일화 기록: 날마다 틈틈이, 하교 후 10분 이내 무심이 문제행동 중심으로 기록하기

일화 기록은 긍정적 행동지원의 시작이다. 교실에는 스무 명이 넘는 학생들이 있는데 교사가 한 학생의 행동을 기록한다는 게 쉽지 않았다. 하지만 무심이에 대해 더 알고 싶은 마음에 2주 동안 무심이의 행동에만 집중해서 기록했다. 기록을 찬찬히 살펴보니 무심이의 주요 행동 패턴이 눈에 보였다.

일화 기록을 적을 때 무심이의 말과 행동을 마치 직접 눈으로 보고 듣는 것처럼 기록하려고 노력했다. 학부모 상담 시에도 이 일화 기록을 바탕으로 무심이의 행동을 자세하게 말씀해 드릴 수 있었다.

Laura A. Riffel은 《개별학생을 위한 긍정적 행동지원》에서 말한다. "일화 기록은 간결하고 명료하며 기록자의 사적인 의견이 배제될 때 가장 유용하다. 일화 기록은 매일 특정 사건이나 관찰 직후에 바로 작성되어야 한다. (중략) 일화 기록의 목적은 문제행동을 지속시키는 패턴, 선행 사건이나 배경 사건에 대한 정보를 신속하게 알아내는 것이다."

"관찰만 해도 행동이 바뀐다. 우리는 교실에서 발생하는 문제행동과 고군분투하느라 하루 종일 초주검이 되어 지낼 수도 있고, 문제행동의 기능 파악을 위한 귀중한 자료의 수집에 하루 중 짧은 시간을 할애하여 자발적인 수고를 할 수도 있다."

바쁜 학교 일과 중에 그동안 쓸 엄두를 못 냈던 무심이의 일화 기록을 날마다 쓰고 모으니 그것들은 내게 정말 귀중한 금으로 돌아왔다.

일화 기록
아침 시간 자리에 엎드려 있다가 어느새 복도에서 학급의 공동 물건을 만지고 있음. 1~2교시 내내 엎드려 있음.
아침 시간 친구들은 자리에 앉아 책을 읽고 있는데 무심이는 돌아다님. (36분 동안) 교사가 자리에 앉으라고 하니 가만히 앉음. 2교시 동영상을 보면서 자기가 아는 것을 이야기했으나 아무도 관심을 주지 않음. 교사가 영상을 다 보고 이야기하라고 함.
1~3교시 아무 활동도 하지 않고 수시로 교실 문 앞, 복도, 화장실을 서성임. 5교시 동네별로 그리고 싶은 건물을 쓰라고 모이라고 하니 잠시 앉아 있다가 친구와 장난치며 교실을 돌아다님.
4교시 동네 지도 그리기에 5분 정도 앉아 있다가 슬쩍 교실 밖을 나감.

2) ABC 관찰: 무심이가 수업 시간 과제를 안 하면 얻을 수 있는 것

ABC 관찰을 통해 나는 문제행동의 원인이 된 선행 사건, 후속결과인 교사의 반응 등을 통해 무심이가 얻게 되는 것을 알 수 있었다. 무심이가 수업 시간에 하기 싫은 활동을 하지 않고 엎드려 있을 때 교사는 큰 방해가 되지 않기 때문에 그냥 내버려두고 있었다. 그러면 무심이는 하기 싫은 활동을 하지 않고 '회피'할 수 있었던 것이다.

A (선행 사건)	B (문제행동)	C (후속결과)
수학 시간, 곱셈표만 완성하라고 함.	여섯 줄을 쓰고 모자를 덮어쓰고는 책상에 엎드림. 다하고 집에 가라고 하니 못 하겠다고 울먹임. 집에서 해오겠다고 함.	집에서 꼭 해오라고 하고 집에 보냄.
수학 시간 문제 풀이를 하라고 6~7차례 지시함.	수학 문제를 풀지 않고 엎드려 있음.	교사가 내버려둠.
국어 활동 여섯 단어만 보고 쓰라고 함.	여섯 단어를 보고 씀.	교사는 무심이의 행동을 칭찬함.

3) 조작적 정의

범주	조작적 정의
과제 회피	수업 시간에 활동 과제를 하지 않고 다른 물건을 꺼내어 만지거나 수업에 참여하지 않고 책상 위에 엎드려 잠.
자리 이탈	수업 시간에 교사의 허락 없이 교실 문 앞, 사물함 주변에 서 있거나 교실 밖으로 나감.

4) 문제행동 기능 평가 (동기사정척도)

구분	감각 놀이	회피	관심 얻기	구체물 얻기
총점	15	19	13	11
관련 순위	2	1	3	4

동기사정척도 검사 결과, 무심이의 문제행동 기능은 '회피와 감각 놀이' 점수가 가장 높게 나왔다. 무심이는 과제를 회피하기 위해 수업 시간에 엎드려 있거나 교실이나 자리를 이탈한다는 ABC 관찰의 가설과 일치했다.

5) 문제행동의 패턴 찾기

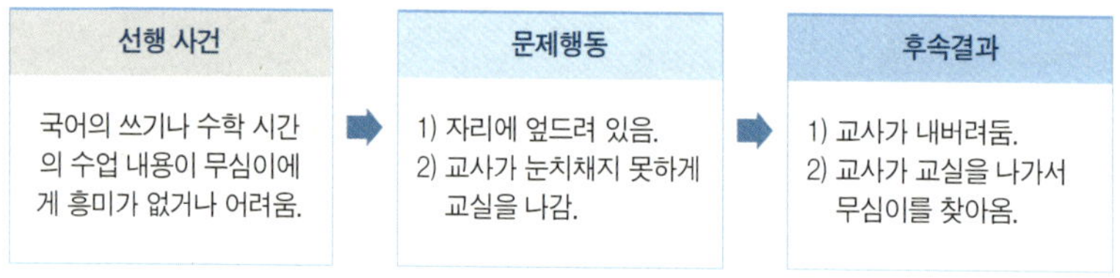

2. 행동 중재

1) 목표행동 정하기: 쓰기와 수학 시간에는 주어진 활동의 10%만 하기

무심이는 읽기는 어느 정도 할 수 있지만, 기초 쓰기가 되지 않아 활동 과제를 회피한 것으로 보였다. 그리고 수학에 흥미가 없어서 수학 시간에도 엎드려 자는 시간이 많았다. 무심이가 어려워하는 시간에 무심이가 쉽게 성공할 수 있는 것을 목표행동으로 정해서 성공 경험을 가지게 하기로 했다. 그렇게 정한 무심이의 목표행동은 '수업 시간에 한 활동 과제 10% 정도 하기'였다. 우선 10%에서 시작해서 성공 경험을 가지게 하는 것이 필요하다고 생각했다.

2) 선행 사건 중재

① 학부모 상담, 복지실과의 협력

우리 학교에는 복지사님이 계셨다. 무심이는 복지 대상자였고, 복시사님은 늘 어려운 학생과 담임교사를 적극적으로 도와주셨다. 그래서 학기 초부터 무심이 문제를 함께 의논하고 상담했다. 학교에 이런 지원자가 있다는 것은 참 든든한 일이었다.

무심이 아버지는 직장에서만 상담이 가능하다고 했다. 복지사님은 기꺼이 아버지 직장까지 함께 가 주셨다. 우리는 무심이의 학교생활 모습을 자세히 말씀드렸다. 그리고 무심이의 성장과 변화를 위해 가족 상담을 권하며 학교에서 비용도 지원하겠다고 했다. 아버지는 한참을 생각하시더니 가족 상담을 받기로 하셨다.

얼마 후, 복지사님이 알려 주셨다. 무심이 가족이 함께 상담받고 있으며, 무심이가 태블릿 사용 시간을 줄여 가고 있다고 했다. 함께 힘을 모으니 무심이 생활에 조금씩 변화가 생기고 있었다.

② 체크인: 아침마다 목표행동 알려 주기

'행동 약속 일일 점검 카드'를 시작하면서 어머니께 무심이가 가장 좋아할 보상을 정해 달라고 부탁했다. 어머니는 무심이가 가장 좋아하는 태블릿 사용 시간을 행동 점수에 따라 매일 보상하기로 했다. 어머니는 등교 전에 무심이에게 목표행동을 알려 주고(체크인), 귀가 후에는 '일일 점검 카드' 점수에 따라 칭찬과 보상을 했다(체크아웃).

무심이가 아침에 교실에 들어서자마자 나는 체크인을 했다. 반갑게 인사한 후 바로 '일일 점검 카드'를 건네받으며 목표행동인 '수업 시간에 한 활동 과제 10% 정도 하기'를 확인시켜 주었다.

학생에게 해야 할 올바른 행동이 무엇인지 가르쳐 주는 것, 그것이 긍정적 행동지원의 첫걸음이다. 그런데 어쩌면 우리는 올바른 행동이 무엇인지 제대로 가르쳐 준 적이 없는지도 모른다는 생각이 들었다.

③ 무심이가 할 수 있는 과제의 양 제시하기

무심이는 수업 시간, 교사가 하는 설명이나 지시를 듣지 않을 때가 많았다. 나는 학생 전체에게 수업 활동 안내를 하고는 바로 제일 앞자리에 앉아 있는 무심이에게 다가갔다. 어렵거나 흥미가 없는 활동을 회피하고자 하는 무심이에게 나는 '행동 약속 일일 점검 카드'의 목표행동대로 활동 과제의 10% 정도만 하라고 안내했다. 또는 무심이가 도전할 만한 쉬운 과제 두 개 중 하나를 선택하게 했다.

3) 대체행동 교수

① 인내 기술 교수(선택한 과제를 다한 후 원하는 활동을 하게 함)

"무심아, 다 하지 않아도 돼. 한 문제만 풀어도 잘하는 거야." 나는 무심이에게만 들리도록 작은 소리로 말했다. 10% 정도의 활동 과제나 자기가 선택한 분량만 해결하면 무심이는 자기가 좋아하는 활동을 할 수 있었다. 무심이는 과제를 얼른 마치고 자리에 앉아 연결 블록 만들기, 지우개 만지기 등 자기가 하고 싶은 활동을 자유롭게 했다.

② 개별 학습지도, 사회성 기술 훈련

지역교육청에서 보내 주신 무심이만의 선생님, 학습 클리닉 선생님은 주마다 수요일 오후에 우리 교실에 오셨다. 클리닉 선생님은 수업 시간 90분 내내 오롯이 우리 무심이에게만 집중해 개별학습 지도를 해 주셨다. 선생님은 무심이의 부족한 학습은 물론 알림장 쓰기, 인사 지도, 친구에게 말하는 방법 등 생활지도 부분까지 하나하나 자세하게 가르쳐 주셨다. 무심이는 특히 쓰기를 어려워했는데 무심이 수준에 맞게 쓰기 지도도 해 주셨다. 클리닉 선생님과 쓰기 공부 이후, 무심이의 받아쓰기 점수가 차차 올라갔다. 한 달쯤 지났을까? 수업 시간, 쓰기를 회피해 오던 무심이가 아는 글자 몇 개를 써서 교사에게 확인받으러 오기도 했다.

클리닉 선생님은 매주 재미있는 놀잇감을 가져와서 무심이와 놀아주셨다. 선생님은 가끔 방과 후에 남아서 담임교사와 함께 공부하던 친구 두 명을 초대해서 함께 놀이를 진행해 주셨다. 무심이 덕분에 친구들도 신나는 놀이와 간식 시간을 가졌다. 클리닉 선생님은 놀이할 때 무심이에게 먼저 친구에게 가서 "같이 놀자."라고 말하게 했다. 그리고 차례와 규칙을 지키며 놀이하도록 놀이 방법을 무심이 옆에서 하나하나 가르쳐 주셨다.

4) 후속결과 중재: 행동 약속 일일 점검 카드로

시간마다 나는 '행동 약속 일일 점검 카드'에 무심이의 행동 점수를 기록했다. 무심이가 목표행동을 잘 해낼 때마다 나는 'V' 손 신호를 해 주었다. 2점이라는 뜻으로 '너 잘하고 있다.'라고 무심이에게 보내는 신호다. 나는 조금이라도 무심이가 긍정적인 행동을 보이면 그 순간을 포착해서 엄지척을 해 주거나, 무심이 옆에 가서 어깨를 토닥토닥, 머리도 쓰다듬어 주었다. 친구들 앞에서도 무심이가 변화된 모습을 자세하게 말하며 크게 칭찬해 주었다.

무심이가 아무것도 하지 않고 다시 엎드려 있을 때면 무심이에게 다가가 오른쪽 귀에 대고 작은 소리로 "지금 한 문제 시작하면 2점이야." 라고 하고 다시 수업을 진행했다. 무심이가 다른 문제행동을 할 때는 의도적으로 못 본 척하기도 했다.

한 시간마다 학생의 행동을 기록하는 것은 수업하는 교사에게는 무척 어려운 일이다. 수업 준비, 수업, 끊임없는 생활지도 등 여러 가지 일들을 해결하다 보면 어느새 3교시가 훌쩍 지나갔다. 그럴 때면 '행동 약속 일일 점검 카드'에 세 시간 점수를 한꺼번에 기록하기도 했다. 무심이가 집으로 가기 전, 나는 다시 한번 무심이에게 '행동 약속 일일 점검 카드'의 점수를 보여주고 칭찬하고 격려했다.

3. 중재 후 변화 모습

무심이에게 보이는 문제행동은 한두 개가 아니었다. 그러나 나는 그

중 오직 한 가지 목표행동 '한 활동 과제 10% 정도 하기'에만 집중했다. 행동중재가 시작되자 무심이는 활동 과제를 하나만 해도 되는데 과제 모두를 하기도 했다. 무심이는 활동하느라 바빴는지 엎드려 있거나 수업 시간 중 자리를 이탈하는 횟수도 줄어들었다.

무심이는 여태껏 교사나 학급 친구들로부터 부정적인 반응을 많이 받아왔다. 무심이와 관련된 갈등이 생기면 친구들은 대뜸 무심이가 그랬다고 했다. 그래서인지 무심이는 자기 행동에 대해 해명도 하기 전에 억울하다며 소리 내어 울었다. 행동중재 전 17점이었던 무심이의 사회적 능력 검사 결과가 중재 이후 30점으로 올랐다. 하루에도 몇 차례나 있었던 무심이와 친구들 간의 갈등도 눈에 띄게 줄어들었다. 무심이는 서서히 친구들 안으로 들어가고 있었다. 쉬는 시간, 무심이가 친구들에게 먼저 다가가 놀이하는 모습도 종종 보였다. 무심이는 준비물을 못 가져온 친구에게 자기 물건을 넉넉히 나누어 주기도 했다. 모둠 활동 시간이면 장난치거나 친구들 주위를 배회하던 무심이가 모둠 활동 자리를 떠나지 않고 끝까지 참여했다. 표현을 잘하고 에너지 넘치는 학생들이 많은 우리 반에서 무심이는 오히려 모범생처럼 보였다.

2학년이 끝나 가던 어느 날, 나는 교실에 늦게까지 놀고 있던 한 친구에게 물어보았다.

"요즘 무심이 학교생활 어때?"

"무심이, 좋아졌어요. 수업 시간에 안 돌아다니고 친구들하고도 잘 놀아요."

정말 반가운 대답이었다.

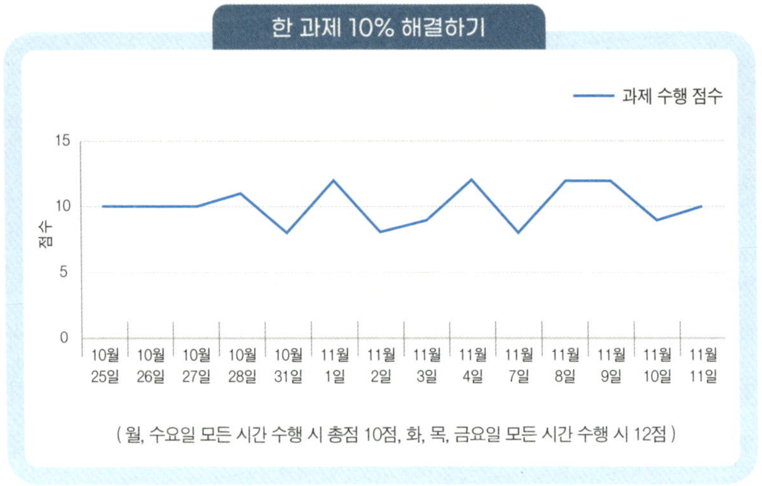

교사의 자존감과 효능감을 세워 준 긍정적 행동지원

'무심이의 문제행동 동기는 뭘까?', '이 문제행동의 선행 사건은 뭘까?', '어떻게 하면 무심이의 문제행동을 예방할 수 있을까?', '교사로서 나는 바르게 반응하고 있는 걸까?' 긍정적 행동지원을 공부하며 내게 새롭게 생겨난 질문들이다.

'예방이 최선의 중재다.', '무심이의 문제행동 패턴(선행 사건과 후속결과)을 찾아야 해!', '그때그때 달라지는 훈육이 아니라 일관성 있는 대처 방법을 찾아봐야겠다.' 학생들의 문제행동을 만날 때면 행동 중재와 관련된 문장들이 주문처럼 귓가에 맴돌았다.

긍정적 행동지원이 나에게 준 가장 큰 선물은 바로 무심이와의 긍정적인 관계이다. 그 전에는 무심이의 문제행동을 그냥 지나치거나 혹은 야단을 치면서 무심이를 이해하지 못했다. 하지만 무심이의 행동을 관찰하고 부모님과 이야기를 나누다 보니 무심이를 더 이해하게 되었다. 그리고 무심이의 작은 성공을 칭찬하다 보니 무심이의 학교생활은 점차 나아졌고, 무심이도 나를 점점 따르게 되었다.

긍정적 행동지원은 무너져 가던 교사로서의 내 자존감과 효능감을 세워 주었다. 물론 이 모든 과정이 쉽지 않았지만, 그럴 만한 가치가 있다는 생각이 들었다. 긍정적 행동지원은 선물처럼 내게 다가왔다. 어느새 긍정적 행동지원은 내게 학생들을 향한 '사랑의 기술'이자 학생들의 문제행동에 맞설 '고급 무기'가 되었다. 긍정적 행동지원이 교실에서 학생들의 문제행동으로 홀로 애쓰고 있는 선생님들에게 선물처럼 전해지길 바란다.

나눔 질문

1. 무심이를 위한 목표행동(한 과제의 10% 정도 하기)은 어떤 점에서 효과적이었을까요? 다른 목표를 설정했다면 결과가 달라졌을까요?

2. '행동 약속 일일 점검 카드'와 같은 중재 전략은 현장에서 얼마나 실현 가능하다고 보시나요? 보완할 점은 무엇인가요?

3. 무심이의 행동 변화 과정에서 교사, 가정, 복지사 간의 협력이 중요한 역할을 했습니다. 실제 우리 학교 상황에서 이런 협력을 위해 필요한 조건은 무엇일까요?

3부

수업 방해

행동의 이유를 알고 나니
교사로서 학생을 도와줄 수 있었고,
이런 학생을 다시 만나도
부딪혀 볼 수 있겠다는
용기를 얻었습니다.

–《교실에서 별을 만나다》 중에서

제4장

교실을 나가고 싶은 학생, 이탈이

이탈이에 대한 정보

★ 이탈이는

- 초등학교 3학년 남학생.
- 상동행동이[8] 있고 사회적 의사소통이 어려움.
- 외부 기관에서 놀이치료를 받음.

★ 주요 행동 특징

- 과제가 어렵거나 하기 싫으면 교실을 자주 나감.
- 상동행동(공룡책 보기, 공룡 그림 그리기, 바둑돌 줄 세우기)이 잦음.
- 수학 문장제 문제를 풀지 못하지만 단순 연산은 우수함.
- 자기 뜻대로 상황이 되지 않으면 게시판 미술 작품이나 학습 도구(리코더 등)를 창밖으로 버림.
- 인식하고 있는 것에 비해 적절한 표현 능력이 부족함.

---

8 상동행동은 특별한 의미나 목적이 없는 비합리성 행동이나 동일한 행동을 계속 되풀이하는 행동 등을 말합니다. 몸을 흔드는 신체적 행동이나 반복적으로 특정 단어를 말하는 소리 행동 등이 있습니다.

이탈이 행동 중재 과정

목표행동		
수업 시간에 교실에 40분 동안 있기		

선행 사건(A)	문제행동(B)	후속결과(C)
수업 시간	수업 시간에 교실을 나감.	교사나 친구들이 찾으러 감.
선행 사건 조정	**대체행동 교수**	**후속결과 조정**
① 체크인(아침마다 하이파이브하며 인사하기) ② 보호자와 협력 관계 구축 ③ 교실 이탈 방지하기 위한 방어선 구축[9]	⑤ 방어선 단계대로 행동하기 ⑥ 그림 그리기나 책 읽기	⑦ 가정에서 보상하기 (주말에 공원 가기, 애니메이션 시청) ⑧ 방어선 약속대로 보상하기

나가서 돌아다니고 싶어요

"드르륵 쾅, 드르륵 쾅!"

이탈이가 자리에서 일어나 교실 뒷문을 열었다 닫았다 하고 있다. 나는 수업을 하다 말고 이탈이를 쳐다본다. 이탈이의 시선과 나의 시선이 마주치는 순간, 장난스러운 미소를 지으며 나를 쳐다본다. '선생님, 내가 언제든 나갈 수 있으니 지켜보세요.' 마치 예고라도 하는 듯한 표정이다. 수업 내용이 어렵거나 마음에 들지 않으면 복도로 나가거나 교실

9 방어선 구축은 긍정적 행동지원에서 문제행동이 일어나기 전에 미리 환경을 조정하거나 예방 조치를 취해서 문제행동이 일어나지 않도록 하는 전략을 말합니다.

안을 서성인다. 그러다 어느 순간 갑자기 교실을 벗어나 복도로 내달린다. 비상 상황이 벌어지자 나는 학생들에게 약속대로 과제를 풀라고 당부했고, 전속력으로 이탈이를 뒤쫓았지만 끝내 보이지 않았다.

급식실 막다른 골목에 다다르자, 나는 조심스럽게 이름을 불렀다. 그러자 이탈이는 문 뒤에서 작은 얼굴을 빼꼼히 내밀었다. 이탈이는 환하게 웃고 있었다. 얼굴을 굳히고 단호한 목소리로 수업 중에 나가면 안 된다고 하자 이탈이는 그제야 살짝 고개를 떨구며 내 손을 잡는다. 이탈이에게는 놀이였을지 모르지만, 내겐 매번 마음을 졸이게 하는 일이었다.

하기 싫어서 나가요

"싫어, 안 해, 못 해!"

이탈이의 입에서 하루도 빠짐없이 흘러나오는 말이다. 내가 책을 펴서 앞에 놓아주면, 이탈이는 눈 깜짝할 사이에 책을 서랍 속으로 밀어 넣는다. 그러고는 기다렸다는 듯 A4 용지를 꺼내 공룡을 그리기 시작한다. 때로는 교과서 대신 동물 사전을 펼쳐 자신만의 세계 속으로 깊이 빠져든다. 쉬는 시간에는 그날 수업 시간에 그린 공룡 그림들을 하나씩 이어 붙인다. 교실 앞쪽에서부터 뒤쪽까지 길게 늘어선 종이띠를 작품 전시라고 하면서 좋아한다. 그러다 그것도 하기 싫어지면 교실을 나가려고 애쓴다.

이탈이는 많은 학생이 손꼽아 기다리는 체육 시간도 싫어한다. 그래서 체육관 가는 길에서부터 실랑이가 시작된다. 줄에 세워 놓으면 다시 다른 곳으로 가기를 반복한다. 겨우 체육관에 도착해서 준비체조가 시작되어도 팔짱을 끼고 서 있는다. 체육을 싫어하는 이유를 물으니 다칠까 봐 못 하겠다고 한다. 어려운 동작이 나오면 도와주겠다고 약속했지만, 막무가내로 체육관 한쪽으로 도망간다.

어둠이 싫어서 나가요

과학 시간에 어두운 상황에서 영상을 시청할 필요가 있어서 전등을 껐다. 그런데 채 1분이 지나지 않아 이탈이가 엎드리더니 귀를 막고 울었다. 이탈이에게 이유를 물어보니 귀를 두드리는 행동을 반복할 뿐 대답하지 않았다. 나는 TV 소리가 너무 커서 그런 줄 알고 소리를 줄였다. 그런데 울음은 계속되었고 그러다 갑자기 복도로 뛰어나갔다. 이탈이를 따라 나가서 진정시킨 후 어떤 것이 불편했는지 다시 물어보았다. 이탈이는 "교실이 캄캄하잖아요."라고 말했다. 나는 그날 처음으로 이탈이가 어둠에 민감하다는 것을 알게 되었다.

학생들을 위한 좋은 공연이 있어서 체험학습을 갔다. 공연 시작 전 실내 극장에서 자리를 잡느라 어수선했다. 정신없이 학생들 자리를 정리하는데 갑자기 이탈이가 울음을 터뜨렸다. 무엇이 불편한지 물어보아도 대답하지 않았다. 공연 안내 방송과 어수선한 소리 때문인 것 같아서 기다렸다. 그런데 조용한 공연이 시작되었음에도 울음을 그치지 않았다. 이탈이가 나가고 싶다고 말하며 의자에서 일어나 나가려고 했다. 나는 옆에서 달래며 진정시키다가 결국 공연에 방해가 되어 데리고 나왔다. 그러자 이탈이는 울음을 그치고 차분해졌다. 이탈이가 기분이 좋아지자 다시 이유를 물어보았다. 이탈이는 "너무 어둡잖아요."라고 말했다. 나는 그제야 지난달 과학 시간에 있었던 일이 생각났다.

1. 학생의 문제행동 이해를 위한 자료 수집 과정

1) ABC 관찰

다음은 학기 초에 발생한 이탈이의 문제행동이다. 이탈이는 새롭고 낯선 공간에 갔을 때 문제행동이 일어나고, 하기 싫거나 어려운 과제가 제시되었을 때 과제물을 버리거나 찢거나 교실을 이탈하는 모습을 보였다. 이탈이의 문제행동 패턴을 발견한 후 이탈이의 교실 이탈 행동이 언제 가장 많이 발생하는지 예측하고 대비할 수 있었다.

A (선행 사건)	B (문제행동)	C (후속결과)
교실에서 하는 학급 공동체 놀이 시간	교실을 돌아다니다 교실 뒷문을 열었다 닫았다가 하다가 복도로 나감.	공동체 놀이에 참여하든지 아니면 교실 놀이 공간에 앉아서 놀라고 말함.
학년활동실	처음 학년활동실 가는 날에 들어오지 않고 입구 구석에서 서성이고 있음.	선생님이 찾으러 가지 않게 학년활동실로 들어오라고 말함.
과학실	실험 결과를 실험 관찰에 기록하기 싫다고 복도로 나감.	단어 몇 개라도 적어 보자고 말함.

2) 조작적 정의

ABC 관찰을 통해 파악된 이탈이의 문제행동은 세 가지로 분류할 수 있다. 자리 이탈 및 교실 이탈, 학습 결과물 찢기다.

범주	조작적 정의
자리 이탈	수업 중 하기 싫거나 어려운 과제가 제시되었을 때 교실 안에서 돌아다닌다.
교실 이탈	교실 뒷문을 열었다 닫았다 하다가 복도로 나간다.
학습 결과물 찢기	자신의 학습 결과가 마음에 들지 않으면 학습지나 교과서를 찢는다.

3) 문제행동의 패턴 찾기

이탈이의 교실 이탈 행동을 보면 반복되는 패턴을 찾을 수 있었다.

첫째, 새로운 공간에 갔을 때 머뭇거리다 들어오지 않거나 들어왔더라도 서성이다가 나간다.

둘째, 이탈이가 하기 싫거나 어려운 과제가 제시되면 나간다.

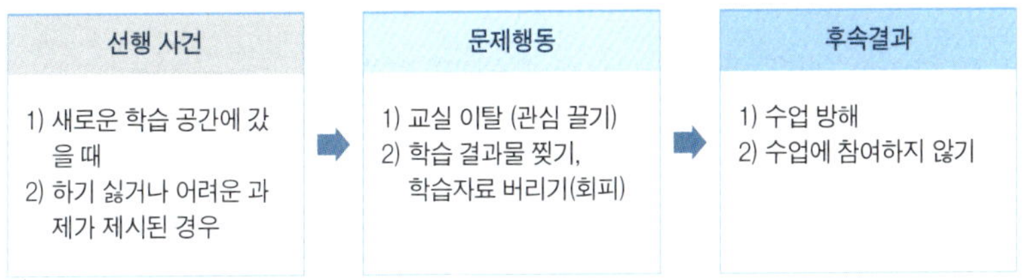

2. 행동 중재

1) 목표행동 정하기: 교실에 40분 동안 있기

이탈이의 문제행동은 교실 이탈이다. 관심받고 싶어서 하는 문제행동이기 때문에 언제든 그 마음이 올라오면 바로 실행한다. 수업 시간과 쉬는 시간을 가리지 않는다. 더 큰 문제는 이탈한 후 숨바꼭질하듯 찾기 어려운 장소, 예를 들어 학교 해당 학년이 아닌 화장실 어느 칸이나 잘 다니지 않는 문 뒤에 숨는다는 것이다. 그래서 교사가 수업을 진행하다 말고 바로 뛰쳐나가야 하기에 수업에 큰 방해가 된다. 목표행동은 우선 교실 안에서 머무르는 것이 중요하다고 생각해 '교실에 40분 동안 있기'로 정했다.

동기사정척도

구분	감각 놀이	회피	관심 얻기	구체물 얻기
총점	7	20	18	5
관련 순위	3	1	2	4

2) 선행 사건 중재

① 체크인: "안녕!" 인사부터 시작된 이탈이의 변화

이탈이가 교실로 들어오면 먼저 내가 큰 소리로 "이탈아, 안녕!"이라고 인사했다. 이탈이는 엄마와 약속한 대로 "안녕하세요, 선생님."이라고 인사하며 팔짝 뛰며 하이파이브한다. 그리고 나는 "이탈아, 어제는 5번 나갔는데 오늘은 몇 번 나갈 거야?"라고 물었다. 이탈이는 엄마와 약속한 대로 "안 나갈 거예요."라고 대답한다. 교실 이탈 문제행동을 갑자기 고치기 힘들다는 건 알고 있다. 그렇지만 교실 이탈의 기능이 관심 추구이기에 미리 아침부터 관심을 듬뿍 준다.

이탈이가 아침에 오면 복도를 돌아다니거나 숨을 곳을 찾으러 다닌다. 그래서 이탈이가 아침에 오면 해야 할 1인 1역을 맡게 했다. 바로 날짜 바꾸기다. 특히 이탈이는 숫자를 좋아해서 아침에 등교하자마자 교실 달력의 날짜 바꾸는 일을 맡겼다. 이탈이도 좋아했다. 이탈이가 그 역할을 곧잘 해내길래, 손뼉을 쳐 주며 격려했다. 이렇게 아침에 관심과 인정을 해 주면 조금은 이탈이가 교실 이탈을 덜 하는 것을 볼 수 있었다.

② 보호자와의 협력

개학 날 어머니께서는 교실 앞문으로 이탈이를 들여보내고 나와 눈인사만 하고 가셨다. 이탈이에 대해 전혀 정보를 모른 채 개학 날을 보냈다. 질문할 때마다 공룡 이야기만 꺼내는 이탈이, 학습지에도 어김없이 '공룡'이라 적어내서 당황스러웠다. 그렇게 3일을 보내며 나는 머릿속에 물음표만 가득했지만, 4일째 되는 날, 더 이상 혼자 고민할 수 없어서 어머니께 전화를 걸었다. 하고 싶은 말은 많았으나, 그저 조심스럽게 1교시 수업이 있는 날은 아침 8시 50분까지 이탈이를 꼭 등교시켜 달라고 부탁드렸다. 이탈이는 늘 9시 가까워서야 교실 문을 열었기 때문이다. 앞으로 어머니와 어떻게 협력해야 할지 고민이 되었다. 그렇지만 어쨌든 어머니와 나는 손을 맞잡아야 했다. 어떻게 그 손을 내밀고 맞잡아야 할지, 숙제처럼 내 앞에 놓여 있었다. 작은 것부터 천천히 실마리를 풀어가기로 했다.

이탈이 엄마의 직업적 특성상, 우리는 하루 중 몇 시에 통화할 수 있는지를 미리 정해 두고 그 시간에 맞춰 연락하곤 했다. 하지만 바쁜 학교생활을 하면서 이탈이 엄마와의 통화를 위해 시간을 내고 해야 할 말을 정리하는 것은 전혀 쉽지 않았다. 하지만 행동 점검표를 교환하는 과정에서 이탈이의 컨디션이 좋지 않으면 점검표를 찢어 버릴 위험이 있어, 우리는 직접 통화하거나 문자로 소통하며 점검을 진행해야만 했다. 이탈이 엄마와 전화 및 SNS를 통해 연락한 횟수를 세어 보니, 약 90번에 이르렀다. 이러한 빈번한 소통은 특수한 상황이 아니면 권장하지 않는다. 이탈이의 상황을 고려할 때 어쩔 수 없는 선택이었다. 이러한 소통은 쉽지 않지만, 이탈이의 안정적인 지원을 위해 꼭 필요한 과정이라 생각했다. 다음은 어머니와 소통하면서 협력했던 부분이다.

(가) 교문에서 엄마와의 5단계 약속

이탈이는 교문에서 어머니랑 헤어진 뒤 교실로 바로 들어오지 않고 학교 구석구석을 돌아다니다가 수업이 시작된 후 들어오기 일쑤였다. 그래서 교문에서 어머니께 이탈이와 5단계 행동을 지도해 주실 것을 부탁드렸다. 첫째, 보도블록으로 학교 현관까지 걸어간다. 둘째, 신발주머니를 신발장 걸이에 건다. 셋째, 교실 앞문을 열고 선생님께 인사한다. 넷째, 선생님과 하이파이브하고 오늘 잘 지낼 것을 약속한다. 다섯째, 가방을 책상 걸이에 걸고 자리에 앉는다.

어머니께서 교문에서 약속을 상기시켜 주시는 날에는 이탈이가 규칙을 잘 따르는 경향이 있었다. 그래서 어머니께 날마다 약속을 상기시켜 주시기를 부탁드렸다. 학교와 가정에서의 일관된 지도가 이탈이의 생활 습관 형성에 큰 도움이 될 수 있음을 강조했다.

(나) 수업 시간 흥미를 높이기 위해서 집에서도 예습과 복습하기

수업 시간 동안 이탈이의 참여도와 흥미를 높이기 위해 어머니께 교과서를 건네드리며, 이탈이와 함께 예습과 복습하기를 권했다. 그 영향일까? 어떤 날은 체육 시간에 음악을 들으며 준비체조를 조금이나마 따라 하는 이탈이의 모습을 볼 수 있었다. 줄서기에서도 대열을 이탈하지 않았고, 게임 활동에도 열심히 임하는 모습을 가끔 볼 수 있었다.

부작용도 있었다. 어머니께서 전날 수학을 너무 열심히 지도하신 탓인지, 좋아하던 수학 시간에도 이탈이는 집중하지 못하거나 1개라도 틀리면 책을 찢기도 했다. 특히 창의적 체험 시간에 감정 나누기 활동을 거부하며 교실을 서성거리는 모습이 눈에 띄었다. 어머니와 통화하여 너무 무리하게 지도하지 않도록 안내했다. 완성도가 필요한 미술 작품은 어머니와 함께 마무리해서 학교로 다시 보내라고 했다. 쉬는 시간에 학생들과 하는 보드게임을 알려드리고 집에서 연습해 오기를 요청하기도 했다. 어느 정도로 어떻게 어머니와 협력하는 것이 이탈이에게 도움이 되는지 계속 고민하며 진행했다. 과도한 학습의 부담과 학습에 대한 흥미 사이에서, 어머니와 나는 균형을 찾아야 했다.

(다) 가정에서 애착 형성과 적절한 보상

교실에서 진행하는 보드게임을 어머니께 알려드리고, 이탈이가 집에서 연습해 올 수 있도록 안내했다. 또한, 학교에서 약속한 규칙을 잘 지켰을 때는 가정에서 적절한 보상을 제공해 주시고, 규칙을 어겼을 때는 전략적으로 무시하여 부정적인 행동이 강화되지 않도록 부탁드렸다.

가정에서는 학습보다 부모님과의 애착 형성을 우선으로 놀이 활동이나 야외 활동을 권장했다. 그 효과는 단기적이었지만, 이탈이는 그날 잘한 점과 고쳐야 할 점을 지적해 주면 다음날 개선하려는 모습을 보였다. 예를 들어, 수업 시간에 하루 종일 자리에 앉아 있었던 날도 있었지만, 그 다음날에는 다시 어려움을 겪는 일도 있었다. 이러한 작은 변화들이 반복되는 과정에서 이탈이는 조금씩 자신만의 리듬을 찾아가고 있었다.

③ 이탈이를 위한 친구들의 놀이 만들기

회복적 생활교육 서클 대화 시간에 이탈이가 쉬는 시간이나 점심시간에 혼자 놀다 교실을 이탈해서 수업 시간이 지나도 돌아오지 않아 수업 방해가 되어 고민이라고 했다. 그리고 이탈이가 함께 노는 기쁨을 알지 못해 안타깝다고 했다. 그랬더니 학생들이 이탈이 수준에 맞는 놀이를 개발하겠다고 했다. 그리고 6교시 자유놀이 시간에 5명의 학생이 이탈이와 드라큘라 놀이를 해서 즐겁게 보냈다. 드라큘라인 이탈이가 주사기 장난감으로 영식이와 정태에게 주사를 맞히자 영식이와 정태가 쓰러지는 반응을 해주니까 더 신나게 놀았다.

그리고 며칠 뒤 쉬는 시간에 이탈이는 공깃돌을 바둑판 위에 가지런히 올려놓고 놀다가 갑자기 다 흩어버리고는 멀뚱히 앉아 있었다. 나는 이탈이 옆에서 놀고 있던 은주와 승호에게 이탈이와 함께 놀 수 있는 좋은 아이디어를 생각해 보자고 말했다. 두 학생은 잠시 고민해 보겠다고 했다. 잠시 후, 이탈이와 은주, 승호는 과학 시간에 배웠던 공룡 사진과

블록을 가지고 놀고 있었다. 공룡을 좋아하는 이탈이를 위한 친구들의 배려였다.

3) 대체행동 교수

① 연극 수업 시간에 플레이트 치기

이탈이는 창의적 체험 활동 연극 시간에 참여하는 데 무척 어려움을 겪었다. 몸풀기 동작이나 음성 연습 등 쉬운 동작 따라 하기는 어느 정도 할 수 있었지만, 난이도가 조금만 높아지면 아예 참여를 거부하고 교실을 이탈하는 경우가 잦았다. 협력 강사 선생님께서 수업을 진행하는 동안, 나는 이탈이를 계속 잡으러 가야 해서 연극 시간은 체력적으로 소진되는 시간이었다.

이탈이의 행동은 관심도 받고 싶고 동시에 연극을 회피하려는 두 가지 기능이 모두 작용하고 있었다. 나는 고민을 거듭하던 중 이탈이에게 적합한 역할을 부여하는 방법을 생각했다. 이탈이의 역할은 모둠별로 연극을 발표할 때, 발표의 시작과 끝부분에서 플레이트를 쳐 주는 것이었다. 이탈이에게 플레이트를 치는 역할은 연극의 시작과 끝을 알리는 중요한 역할이라고 알려 주었다. 이탈이는 처음에 약간 주저했지만, 플레이트 역할이 마음에 드는지 연극 시간이 되면 플레이트를 찾았다.

플레이트 치는 역할은 단순히 교실 이탈을 방지하는 것뿐만 아니라, 이탈이가 친구들의 연극을 잘 관찰하고 이해할 기회를 제공했다. 플레이트를 치는 동안 다른 친구들의 연극에 집중할 수 있었고, 역할을 수행하면서도 자연스럽게 수업에 참여하게 되었다. 또한, 이탈이가 플레이트를 쳐 주는 동안 친구들도 이탈이를 주목하게 되었고 이탈이에게 긍정적인 반응을 해서 이탈이의 자신감을 키우는 계기가 되었다.

연극 시간에 플레이트 치는 이탈이

② 체육 시간에 단계별로 지도하기

이탈이는 체육 활동에 흥미를 느끼지 못하거나 활동이 어렵다고 생각되면 시도조차 하지 않고 체육관을 배회하거나 이탈한다. 오늘도 스포츠 강사 선생님과 진행하는 게임을 지켜보다가 시무룩한 표정으로 흥미를 보이지 않았다. 결국 체육관 출입문 쪽으로 달리려는 이탈이를 보며, 며칠 전부터 생각해 둔 농구 활동을 제안하기로 마음먹었다. 이탈이와 내가 둘만 하는 활동으로 구상했고, 이탈이가 힘들어 하거나 지루해 하면 금방 하지 않겠다고 할까 봐 활동 목표를 단계적으로 제시했다.

1단계는 짧은 거리에서 공 주고받기로 했다. 이탈이와 교사가 짧은 거리에서 공을 주고받기 시작했다. 일대일로 같이 공을 던지고 받으면서 손 모양 등을 알려줬다. 2단계는 골대를 맞추기 전에 골대 기둥을 먼저 맞추기로 했다. 이탈이가 잘할 때는 칭찬을 듬뿍 해줬다.

기둥 맞추기에 성공하자 3단계로 골대를 맞추기로 했다. 거리를 조정해 이탈이가 성공할 가능성을 높였다. 공 던질 때는 이렇게 숨을 크게 들이쉬고, 내쉴 때 던지면 더 잘 된다는 구체적인 방법도 알려주고, 잘하고 있다는 응원도 함께하면서 이탈이가 계속 공을 던질 수 있도록 했다. 계속 연습을 하자 이탈이는 결국 성공을 했고, "골인!"이라고 외치면서 기뻐했다. 우리 쪽을 힐끗힐끗 보면서 게임을 하고 있던 친구들이 박수를 치자 이탈이는 더욱 신이 나서 연습을 이어갔다.

4) 후속결과 중재: 방어선대로 보상하기

교실에서 이탈이가 일어나려 할 때 엉덩이를 들썩이면 나는 강한 눈빛을 보내며 경고한다. 이탈이가 다시 자리에 앉으면 나는 미소를 지으며 잘했다는 뜻으로 고개를 끄덕인다. 그런데도 조금 후 다시 자리에서 일어나면, 나는 곧바로 이탈이 옆으로 가서 단호하면서도 침착한 낮은 목소리로 앉으라고 말한다. 자리에 앉으면 칭찬한다.

수업 중 칠판에 판서하거나 다른 학생들을 지도하는 사이, 이탈이는 어느새 교실 뒤로 나가 서성이며 교실 이탈을 준비하는 자세를 취하면, A4 용지를 주겠다는 수신호를 보낸다. 이탈이는 공룡 그림을 자주 그리기 때문에 항상 A4 용지가 필요하다. 이탈이가 교실을 나가지 않고 그림을 그리고 있으면 다가가서 칭찬한다.

마지막 단계에서는 이탈이가 교실 문을 열고 복도로 내달리면 "이탈아!"라고 부르며 좋아하는 "스펀지밥"이라고 가정에서 강화물로 제공되는 만화 영화 제목을 외친다. 이탈이는 교실을 나가면 가정에서 만화 보는 시간을 줄이기로 약속이 되어 있다. 이러한 과정을 통해 한 해 동안 이탈이의 교실 이탈 횟수는 서서히 줄어들었고, 학기 말에는 결국 완전히 사라지게 되었다.

3. 중재 후 변화 모습

종업식 날 이탈이 어머니께서 "선생님, 이탈이가 올해 많이 컸어요. 친구랑 놀 줄 몰랐는데 올해 놀게 되었네요. 감사해요."라고 말씀하시며 눈물을 글썽이셨다. 친구들과의 교류가 어려웠던 이탈이의 1년 동안의 변화 모습은 놀라웠다. 이탈이는 상동행동이 감소하고 사회적 의사소통 능력이 눈에 띄게 향상되었다.

다른 사람과 함께하는 즐거움을 알게 된 이탈이

학기 말에 카나페를 만드는 수업을 했다. 이탈이가 나에게 카나페를 만들어 가져와서는 "선생님, 지금 이거 드세요."라고 했다. 그리고 쉬는 시간에 공룡 그림 십여 장을 완성하면 나에게 주겠지만, 시간이 많이 들어 색칠은 못 해주겠다고도 했다. 3월 초만 해도 이렇게 상황에 맞는 대화를 하게 될 줄은 상상도 못 했다.

어머니께서는 2학년 때까지는 혼자 놀았는데 3학년 때 친구들과 함께 노는 재미를 알게 되었다고 눈물을 글썽이셨다. 그리고 특별히 접속어(그래서, 그런데)를 사용할 줄 알고, 다른 사람 눈치를 보는 것이 생긴 것이 제일 좋아졌다고 하셨다.

한 해 동안 수많은 문제행동으로 휘청거렸지만, 이탈이가 세상으로 나오는 순간을 기억하며 힘을 냈던 것 같다. 무엇보다 이탈이의 사회성이 상상 이상으로 발달했다는 것은 놀라운 사실이다. 작은 변화들은 도미노처럼 행동 변화에 긍정적인 영향을 미쳤고, 나와 우리 반 학생들도 함께 성장할 수 있었다.

"할 수만 있으면 잘하게 된다."라는 말을 들은 적이 있다. 이탈이의 문제행동은 복잡한 실타래처럼 얽혀 있어, 가정의 그림자와 함께 다루기 어려운 과제처럼 보였다. 그리고 수많은 문제행동에 압도되어, 가슴 속에서 쓴 물이 올라오는 순간도 있었다. 그렇지만, 이탈이를 믿고 할 수 있도록 조금씩 지원했더니 기대를 뛰어넘는 성장을 했다. 이탈이는 긍정적 행동지원이 또 다른 생활지도 방법으로서 대안이 될 수 있음을 알려 주었다.

나눔 질문

1. 이탈이의 교실 이탈이 관심 추구와 회피라는 기능으로 드러났는데, 우리 반 금쪽이의 문제행동은 어떤 기능을 가지고 있을까요?

2. 매일 아침 체크인(하이파이브), 날짜판 바꾸기와 같은 간단한 루틴이 이탈이에게 효과적이었습니다. 우리 교실에서도 적용할 수 있는 간단한 '하루 시작 의식'은 무엇이 있을까요?

3. 또래들이 놀이를 개발하고 함께 놀아 주면서 이탈이가 사회적 기술을 배우기 시작했습니다. 우리 교실에서 또래의 힘을 어떻게 조직적이고 긍정적으로 활용할 수 있을까요?

제5장

수업 시간에 울며 떼쓰는, 고집이

고집이에 대한 정보

★ 고집이는

- 초등학교 4학년 남자
- 초등학교 입학 전 발달장애 판정을 받음. 특수반에서 하루 2시간씩 국어, 수학 공부를 하고 나머지 시간에는 일반학급에서 수업에 참여함.
- 외할머니가 주 양육자
- 사설 기관에서 언어와 놀이치료를 받고 있음.

★ 주요 행동 특징

- 자주 울음. 의사소통이 원활하지 않아 자기 뜻을 마음대로 표현하지 못하는 경우 울음을 터뜨림. 놀이나 게임이 끝나면 그 놀이에 연연해 하고 아쉬워하며 울어버림.
- 친구와 일반적인 언어적 상호작용이 어려움. 대화에서 상대방의 말을 잘 듣지 않고 자기가 하고자 하는 말을 주로 함.
- 수업 시간에 주로 잠을 자며, 말하고 싶은 것이 생기면 발언 기회를 얻어 말할 때까지 집착함.

고집이 행동 중재 과정

목표행동

1) 수업 시간에 교과서 올리기
2) 말하기 카드를 사용하여 교사에게 발언 기회 요청하기

선행 사건 (A)	문제행동 (B)	후속결과 (C)
통합학급 수업 시간	1) 수업 시간에 엎드려 잠자기 2) 수업 중에 하고 싶은 말을 아무 때나 뱉어내기	1) 교사나 친구들이 흔들어 깨운다. 친구들이 안 좋게 생각하거나 웃는다. 2) 친구들의 비난을 받는다.
선행 사건 조정	**대체행동 교수**	**후속결과 조정**
① 체크인(매일 포옹 인사) ② 보호자와 협력 관계 구축 ③ 급식 시간 자리 조정하기 ④ 감정 회복을 위한 방어선 구축, 복지실과 협력	⑤ 수업 교과서 책상 위에 올리고 펼치기 ⑥ 말하기 카드 사용하기	⑦ 행동 약속 일일 점검 체크리스트 ⑧ 행동 약속 보상 부여하기

훅 들어온 고집이

3월 2일, 개학 첫날 첫 시간. 처음 만난 모든 학생의 이름을 부르며 얼굴을 보며 출석을 부른다.

"이고집."

"네! 선생님, 저는 특수반입니다."

"?"

"선생님, 저는 특수반이고 그래서 꿈반에서 공부해요."

"아, 그래? 반가워!"

세세한, 조금은 지나친 것 같은 자기소개를 하는 고집이와의 첫 만남이었다. 고집이는 개학 첫날 본인이 공개적으로 밝힌 대로 특수학급 학생이다. 1, 2교시에는 특수반에서 국어와 수학을 공부한다. 3교시부터 통합반에 와서 다른 학생들과 4학년 교과 과정에 해당하는 수업을 한다. 그런데 고집이는 통합반에 돌아와서는 수업 시간에 참여하지 않는다. 주로 엎드려 잔다. 3교시가 끝나고 4교시. 오전 마지막 수업이 다 끝나 갈 무렵에서야 잠에서 깼다. 그리고 수업을 이끌어 가는 교사와 수업에 참여하는 다른 친구들의 열의에 아랑곳하지 않고 말한다.

"선생님, 배고파요!"

이런 날도 있다. 그날도 나는 열정적으로 수업을 진행하고 있었다. 3월 학기 초인지라 반 학생들의 집중도도 상당히 높다. 바로 그때 잠에서 깨어난 고집이가 수업을 깨는 큰 목소리로 외쳤다.

"선생님! 사랑해요!"

발표를 못 해 몸부림을 치는 학생

사회 시간이다. 나는 학생들에게 질문을 던지며 수업을 진행한다.

"자, 제시하는 그림 파일을 보고 지도가 아닌 것을 찾아보세요. 지도가 아니라면 왜 아닌지를 발표해 봅시다."

그런데 고집이는 그림 파일을 보여주기 전부터 뭔가를 말하기 시작했다.

"선생님, 선생님, 저요, 저요."

"손을 들지 않으면 발표할 수 없어요."

"선생님, 선생님, 저, 저기 가본 것 같아요. 우리 엄마랑 저기서 먹었어요. 그리고…."

"수업과 관련된 발표를 합시다."

"선생님, 선생님, 저요!"

"고집아! 다른 친구들처럼 손을 들고 발언권을 얻어서 발표하자."

교사는 손을 들고 발표할 기회를 기다리는 다른 친구에게 발언권을 준다. 고집이도 그제서야 다른 친구들처럼 손을 들고 흔들기 시작한다. 당연히 고집이는 다른 친구가 발표하는 내용에 귀 기울이지 않는다. 나는 고집이가 수업과 관련 없는 내용을 말할 것을 알기에 일단 손을 흔드는 고집이를 무시하며 수업 진행을 위해 다음 질문으로 넘어간다. 발표할 기회를 얻으려던 다른 친구들은 손을 내리고 교사의 다음 질문에 집중할 무렵에도 의자에서 일어선 고집이는 손을 들고 흔들면서 말할 기회를 달라고 한다. 빨개진 눈에는 눈물이 맺히고 손만 흔드는 것이 아니라 온몸을 흔들면서 부들부들 떤다. 급기야 울부짖는다.

교사는 울부짖는 학생을 데리고 교실 밖으로 나간다. 고집이에게 이런저런 말로 달래고 꾸짖고 주의를 주지만 학생의 흥분된 감정은 쉽게 가라앉지 않고 교사의 말에 귀 기울지도 못한다. 복도에서 학생은 더 큰 소리를 내면서 "엉엉" 운다. 다른 반 교사들이 복도에 나와 무슨 일인가를 살펴보고 들어간다.

"선생님, 선생님!"

시간이 흐를수록 고집이는 새로운 문제행동을 보여주었다. 수업 시간에 잠자기, 수업과 관련 없는 아무 말 하기, 규칙을 지키지 않는 놀이 등 그 외에도 여러 가지가 있다. 어디서부터 손대야 할지 모를 정도였다. 여러 문제행동 중에서도 교사를 가장 힘들게 한 것은 하루에 스무 번이 넘게 "선생님, 선생님"을 불러대는 것이다.

"선생님! 오늘 로블록스, 새 버전을 깔았어요.", "선생님! 점심 마라탕은 최고였어요.", "선생님! 수업 시간에 제 옷 못 봤나요?", "선생님! A4 흰 종이 좀 주세요.", "선생님! 연필이 없어요."

고집이는 사회적응 기술이 또래에 비해 부족하다. 특히, 언어 발달이 느린 탓에 친구들에게 말 거는 기술이 부족하다. 놀이 시간 때마다 친구들과 다툰다. 스스로 다른 학생들이 자기를 부당하게 대하며 자기를 좋아하지 않는다는 생각을 자주 한다. 보통의 경우 4학년 또래 학생들은 저런 말, 저런 도움 요청을 옆 친구에게 한다. 그러나 고집이는 그렇게 말을 걸 수 있는 친구가 거의 없다.

1. 학생의 문제행동 이해를 위한 자료 수집 과정

1) ABC 관찰

고집이의 행동을 좀 더 객관적이고 구체적으로 이해하기 위해 ABC 관찰지를 기록했다. 3개월 정도 중요한 사건이 발생할 때를 놓치지 않고 기록하였다.

A (선행 사건)	B (문제행동)	C (후속결과)
6교시 마지막 수업 시간, 엎드려 자고 있다.	엎드려 있다가 갑자기 고개를 들며 "수업 빨리 마쳐줘요!"라고 큰 소리로 외친다.	언어적 수업 방해 행동이라는 교사의 훈계
교내 체육대회 놀이 행사 시간, 무대 앞으로 나가서 춤을 추겠다고 손을 들었음.	사회자의 지명을 받지 못했으나 계속해서 손을 들어 흔들며 자기를 앞으로 불러달라고 울부짖음.	교사의 손을 잡고 복지실로 이동하여 복지사님의 상담을 받아 진정함. 놀이 행사에는 다시 참여함.
3교시 수학 시간, '구구단을 외자'는 게임 중	손을 들어 흔들며 자신에게 기회를 달라고 요구함. 기회가 주어지지 않자 울면서 몸부림을 침.	교실 밖으로 이동하여 복지실에서 상담을 받아 진정하고 돌아옴.

2) 조작적 정의

ABC 관찰을 통해 파악한 고집이의 문제행동은 세 가지로 분류할 수 있다. 지시 불이행, 언어적 방해, 과제 회피 등이다.

범주	조작적 정의
지시 불이행	- 수업 중 손들고 발언해야 할 때, '선생님, 선생님'을 여러 번 반복하면서 발언 기회를 얻을 때까지 말할 기회를 요구한다. - 빈 공책에 말할 내용을 적었다가 쉬는 시간에 말하라고 하나 이를 거부하고 '선생님, 선생님'을 반복한다.
언어적 방해	- 수업 중에 수업과 관련 없는 질문, 발언을 한다. "빨리 마쳐 줘요.", "배고파요.", "사랑해요.", "어제 잃어버린 잠바를 찾았어요." 등과 같은 발언으로 수업 분위기를 흐리며 방해한다.
과제 회피	- 수업 시간에 해당 교과서를 올리지 않고 색종이를 올려놓고 종이접기를 한다. - 수업에 참여하지 않고 책상 위에 엎드려 잠을 잔다.

3) 문제행동의 패턴 찾기

선행 사건		문제행동		후속결과
1) 수업 중에 자기가 알고 있는 것, 말하고 싶은 것이 생겼을 경우 2) 관심 있는 내용이 없을 경우	➡	1) 수업과 관련 없는 발언하기 (관심 끌기) 2) 수업 중에 아무것도 하지 않고 잠을 자기(회피)	➡	1) 수업 방해 2) 수업에 참여하지 않기

2. 행동 중재

1) 목표행동 정하기: 교과서를 책상 위에 올려서 펼치기

고집이의 다양한 문제행동 중에서 먼저 집중해야 할 문제행동 하나를 정했다. 고집이는 통합반 수업에 참여하지 않는다. 고집이는 수업 시간에 엎드려 자거나 아니면 수업과 관련 없는 질문을 하는 행동으로 수업을 방해한다. 그런 행동의 목적은 첫째, 자기도 뭔가를 발언함으로써 아는 게 있다는 인정과 관심을 얻으려는 것이었다. 둘째, 자신은 특수반 학생이기 때문에 (자기에게) 어려운 수업은 하지 않아도 된다는 것이다. 이처럼 고집이는 교사와 친구들의 관심을 얻으려는 행동과 어려운 활동을 회피하려 잠자는 행동을 보이고 있다.

동기사정척도

구분	감각 놀이	회피	관심 얻기	구체물 얻기
총점	10	13	12	14
관련 순위	4	2	3	1

고집이의 수업 참여를 높이기 위해 행동 약속을 정했다. 수업의 첫 시작을 순조롭게 하기 위해 '수업 시간에 해당 교과서를 책상 위에 올려서 펼치는 것'을 목표로 정했다.

2) 선행 사건 중재

① 체크인: 고집이를 위한 아침 인사 전략

고집이는 항상 교사의 관심을 원했다. 그래서 아침에 등교하면 제일 먼저 교사와 포옹하며 인사를 하기로 약속했다. 동시에 수업 시간에 자기의 감정을 말하고 싶은 욕구를 아침에 등교하면서 교사에게 말할 기회를 얻었다. 고집이가 가방을 자리에 두면 다시 교사에게 다가오게 했다. 교사는 체크인 질문을 던지면서 그날의 목표행동을 확인한다.

"자, 오늘도 수업 시간마다 교과서를 올려서 펼치는 것 할 수 있지?"

"네."

"오늘 3교시에 체육 시간이 있는데 그때 게임 중에 아웃 되면 울지 않고 밖으로 나갈 수 있지?"

"네, 할 수 있어요."

첫 회기에는 이처럼 단순하게 답변할 수 있는 질문을 던지다가 회기를 진행하면서 체크인 질문을 변형시켰다.

"고집아, 놀이시간에 공에 맞아 죽었을 때는 어떻게 해야 할까?"

"음… 울지 않고 억울해 하지 않고 선 바깥으로 나가야 해요."

"그래. 그렇게 할 수 있겠어?"

"네!"

② 보호자와 협력 관계 만들기

긍정적 행동지원은 보호자와의 협력이 절대적으로 필요하다. 부모들은 금쪽이 같은 학생이 교실에서 어떻게 행동하는지 의외로 모르는 경우가 많다. 담임교사가 교실에서 벌어지는 학생의 문제행동을 견디며 참다가 더는 숨길 수 없는 심각한 문제행동이 발생했을 때 갑자기 연락하면 보호자들은 당황한다. 학교로부터 학생의 문제행동에 관한 정보를 일절 받지 못하다가 어느 날 담임교사로부터 자녀의 심각한 문제행동을 알게 될 때 어찌 당혹스럽지 않을까? 그러니 평소에 나쁜 일뿐만 아니라 좋은 모습을 보였을 때도 학생을 칭찬하는 정보를 공유할 필요가 있다.

나는 고집이의 건강한 학교생활과 성장을 위해 보호자들을 단체 대화방에 초대하였다. 학생이 울거나 다투거나 불미스러운 일을 했을 때는 물론이고 평화로운 하루를 보냈을 때도 글을 올려서 고집이를 집에서도 칭찬해 달라고 요청했다.

특별히 보호자에게 이런 요청을 했다. "고집이가 특수반에서 일반학급으로 가면 그저 4학년 학생으로 공부하는 것이지 특수반 학생으로 가는 것이 아니야. 고집이는 4학년 *반 학생이야. 그러니 옆의 친구들이 하는 것과 똑같이 해야지?"라고 학교 가기 전에 기회가 날 때마다 이 같은 말을 건네 달라고 요청했다.

③ 급식 시간 자리 조정

특수반 학생으로서의 열외 의식이 고집이에게 드러날 때가 급식 시간이다. 고집이는 항상 교사 옆자리에서 밥을 먹고자 했다. 편식이 심하여 전 학년 때부터 담임 선생님들이 고집이를 옆에 앉혀 놓고 식사 지도를 하셨던 것 같다. 그래서 선생님 옆자리가 자기 자리라고 생각했다. 그래서 이것도 조정했다.

이 변화에는 상당한 저항이 있었다. 몇 년을 선생님 옆에서 먹어 온 관성도 있고 선생님에게서 보호받는 느낌도 누렸을 것이니 떨쳐내기가 쉽지 않았다. 어떤 날에는 친구들 옆자리에 앉아서 밥 먹던 중에 큰 소리로 싸우곤 했다. 그럼에도 학생의 열외 의식을 줄이려면 편식하더라도 친구들과 다투는 일이 있어도 반 친구들 옆에서 식사하게 했다.

④ 감정 회복을 위한 방어선 구축, 복지실과 협력

고집이가 감정을 주체하지 못해 울거나, 바닥에 드러눕거나, 복도에서 머리를 문에 부딪힐 때 다른 학생들과의 분리가 필요했다. 고민 끝에 복지실에 도움을 요청했고, 복지실은 정서행동 위기학생 지원 방법을 찾아주었다. 감정이 격해졌을 때 고집이를 복지실로 보내기로 했다. 고집이에게 포스트잇을 주어 복지사 선생님의 사인을 받아오게 했다. 그런데 감정이 고조된 상태에서는 가려 하지 않았다. 그래서 평소 기분이 좋을 때 연습 삼아 다녀오게 했고, 실제 상황에서는 감정이 정점에 달하기 전 조짐이 보일 때 선제적으로 보냈다. 복지사 선생님은 고집이를 진정시킨 후 상담을 진행했다. 다행히 인지행동치료 기법에 능숙한 분이라 고집이의 왜곡된 사고를 정리하는 데 큰 도움을 주었다.

3) 대체행동 교수

① 수업 시간에 교과서 올리기

목표행동은 너무 어렵거나 복잡하면 안 된다. 그래서 고집이가 충분히 성공할 수 있는 것으로 시작했다. 교과서와 공책을 꺼내 책상 위에 올려놓는 것이었다. 행동지원을 시작한 첫날, 첫 시간부터 고집이는 교사의 칭찬을 들었다. 수업 중 순회 지도를 할 때마다 고집이에게 엄지를 들어 보였다. 손도 제대로 들지 못해 발언 기회조차 얻기 힘들었던 학생이 책상 위에 교과서만 올려놓았을 뿐인데 선생님께 칭찬을 듣는다. 고집이도 기분이 좋았을 것이다. 그렇게 첫날, 고집이는 단 한 시간도 교과서 없이 수업 받거나 엎드려 자는 일이 없었다.

② 말하기 카드 사용하기

교사를 가장 힘들게 한 고집이의 문제행동은 하루에 20번 이상 "선생님, 선생님!"을 외치는 것이었다. 그때마다 눈을 마주치고 귀를 기울였지만, 학생이 하는 말은 "특수반에서 많이 놀지 못하고 왔어요."나 "수업 빨리 끝내 주세요." 같은 이야기였다.

그래서 책상 위에 교과서를 펼치기가 정착될 무렵, 다음 목표행동을 '말하기 카드를 사용하여 선생님에게 말하기'로 정했다. 수업 중 손을 들었는데 발언 기회를 받지 못하면 참았다가 쉬는 시간에 카드를 들고 오기로 했다. 교사는 반드시 말할 기회를 주고 귀담아듣겠다고 약속했다.

4) 후속결과 중재

1회기 3주 동안 진행하는 행동 약속을 80% 이상 지켰을 때 고집이가 원한 보상을 했다. 고집이는 외식을 좋아했다. 특히나 마라탕, 떡볶이 같은 매운 음식을 즐겼다. 그래서 매번 행동 약속대로 목표행동에 성공했을 때마다 학생이 선택하는 보상은 명확했다. 맛집 투어! 다행히 내가 근무한 학교 근처는 대학가여서 다양한 맛집들이 즐비해 있었다. 외식 비용은 좋은교사운동의 일대일 결연을 신청하여 마련했다.

어머니: 너무 감사합니다. 선생님! 고집이에겐 어느 때보다 기억에 남는 값진 하루가 될 것 같네요.

교사: 많이 좋았습니다. 주로 게임 이야기이지만. 제가 수업을 더 재미있게 해야겠다는 반성을 했습니다.

어머니: 선생님, 부끄러운 이야기이지만 고집이가 존경해야 할 동성 성인과 노을을 본다든지 긴 얘기를 한 적은 아마 오늘이 처음일 거예요. 정말 깊은 감사를 드립니다.

3. 중재 후 변화 모습: 막무가내 발언에서 성숙한 참여로

궁정적 행동지원 1회기를 시작한 이후, 고집이는 수업 중에 손을 들고 기다리기 시작했다. "선생님, 선생님!" 이렇게 말하지 않고 묵묵히 손을 들고 교사가 자신에게 발언 기회를 주길 기다렸다. 학생의 이런 변화는 3월부터 너무나 기다려 왔던 터라 학생에게 발표 기회를 주었다. 수업과 관련성이 전혀 없던 발표 내용도 시간이 갈수록 조금씩 수업과 관련성 깊은 방향으로 성숙해졌다. 그래서 의도적으로 교사는 손을 들고 기다리는 고집이에게 발표 기회를 주려고 했다. 그 덕분에 2학기에는 고집이의 수업 중 막무가내식 발언 때문에 스트레스를 받는 일은 거의 없어졌다.

고집이는 3월 20일부터 교과서를 책상 위에 올리기 시작했고, 그 성공의 경험은 6월 무렵엔 수업 중 잠들지 않는 모습으로 이어졌다. 영어를 가르치시는 수석교사는 이런 질문을 하셨다.

"선생님, 고집이가 학기 초에는 영어 수업 때마다 엎드려 자던데 요즘은 손을 들고 발표까지 합니다. 학생이 이렇게 바뀌다니 어떻게 지도하셨어요?"

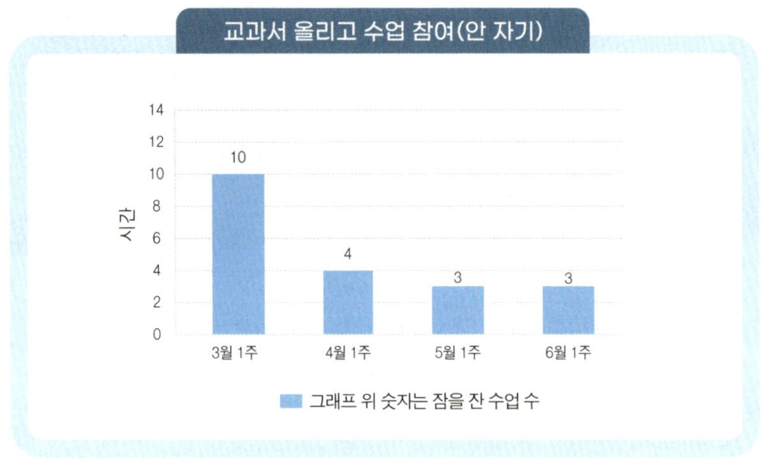

문제행동 너머 발견한 성장의 기회

고집이와의 긍정적 행동지원은 3회차에 걸쳐서 1학기 동안 진행했다. 1회차에는 수업 교과서를 책상 위에 올리기, 2회차에는 책을 펼치기와 말하기 카드 사용하기, 3회차에는 과제물을 제출하기와 알림장을 쓰기까지 진행했다. 회기가 진행될 때마다 이전 회기의 행동 약속을 그대로 유지하면서 새로운 행동 약속을 늘려가는 방식으로 했다. 3월 초에 수업 중 엎드려 잠만 자던 학생이 3회차에는 과제물을 제출하는 데까지 이르렀다. 생각할수록 고집이가 대견스럽고 사랑스럽다.

물론, 아쉬운 부분도 있다. 색종이로 기가 막힌 종이 로봇을 만들어 친구들의 인정을 받기도 했지만 학기 말까지 왜곡된 피해의식으로 인해 발생하는 다툼이 있었다. 그리고 어느 정도 규칙을 지키며 예의를 갖추어 교사에게 말을 걸고 수업 중에 발표를 위해 손을 들고 발언권을 얻기까지 참고 기다리는 힘을 키웠지만 수업과 거리가 있는 내용의 발언은 계속되었다. 그렇게 애를 썼음에도 자기 주변 정리정돈하는 습관은 사실상 실패하였다.

고집이와 함께한 1년 동안 깨달은 것이 두 가지 있다.

첫째, 세상의 모든 학생은 칭찬과 인정을 받고 싶은 욕구를 가지고 학교에 온다. 문제행동으로 교사를 숨 막히게 하는 교실 속 금쪽이들도 같은 욕구가 있다. 그런데 이들은 어떻게 그 기회를 얻을 수 있는지를 모른다. 그래서 교사가 이들에게 친구와 선생님에게서 인정받으며 칭찬을 들을 수 있는 적절한 방법을 알려 주고 가르쳐야 할 필요가 있다. 만약 고집이와 같은 금쪽이들이 그 방법을 알기만 한다면 그들의 성장은 눈에 띄게 달라지기 시작할 것이다.

둘째, 니체는 "나를 죽이지 못하는 것은 나를 더 강하게 한다."고('우상의 황혼'에서) 하였다. 교실 속 금쪽이들은 니체의 말처럼 교사의 성장을 자극할 수 있다. 물론, 그들은 곁에 선 교사의 호흡이 가빠지게도 하고 숨쉬기 힘겨울 정도로 곤란한 순간을 주기도 한다. 그러나 그들은 그저 교사를 힘들게만 하는 존재가 아니다. 나는 고집이와 함께한 1년을 통해 교사로서 한 단계 성장하는 기회를 얻었다고 생각한다. 발달장애 학생과 함께 지내는 통합반 담임교사였던 까닭에 3월 첫 주는 무척이나 당황스러웠고 고단했다. 하지만 이 학생의 문제행동을 이해하기 위해 고민하고 애쓴 노력은 교사로서의 내 그릇을 좀 더 넓게 만들어 주었다. 거기에 덤으로 하나를 더 얻었는데 그것은 고집이를 붙잡고 씨름하는 내 모습을 지켜본 다른 학생들의 성장이다. 그들도 교사의 애씀을 보면서 교사와 함께 고집이를 이해하며 자라가는 데 힘을 썼다. 한 학생의 변화와 성장은 이처럼 모두에게 선물로 돌아간다. 그러니 고집이와 같은 그들의 존재가 어찌 고맙지 않을 수가 있을까?

나눔 질문

1. 고집이의 '선생님, 선생님!' 부르기를 단순한 방해행동이 아닌 소통 욕구의 표현으로 바라본 교사의 관점 전환에 대해 어떻게 생각하시나요? 우리는 학생들의 문제행동을 어떤 렌즈로 바라보고 있나요?

2. 아침 체크인, 급식 자리 조정, 복지실 협력 등 선행 사건을 조작한 전략들을 소개했습니다. 선생님의 학급에서 적용할 수 있는 예방적 환경 조성 아이디어가 있다면 나누어 주세요.

3. '교과서 올리기'라는 단순하지만 명확한 목표에서 시작해 큰 변화를 이끌어 낸 사례를 소개했습니다. 학습 부진이나 행동 문제를 보이는 학생들에게 어떤 '작은 성공 경험'을 제공할 수 있을까요? 그런 경험이 있다면 나누어 주세요.

4. 통합교육 환경에서 일반학생들의 이해와 협력을 이끌어 내기 위한 방안에는 무엇이 있을까요?

제6장

장난치며 제멋대로 하는, 삐딱이

삐딱이에 대한 정보

★ 삐딱이는

- 초등학교 6학년 남자
- 아세바 검사 결과: 문제행동 총점이 임상 범위이며, 주의 집중, 공격성, 규칙 위반 등을 지님.
- ADHD 검사, 사회성 검사: 검사 점수가 낮고, 지시에 잘 따르지 않고, 일을 잘 끝내지 않으며, 과제를 친구들과 협력하지 못하고, 과잉행동을 함.

★ 주요 행동 특징

- 수업 시간에 과제 평가지를 찢고, 자신 주변을 정리하지 못함.
- 학교에 실내화 신고 등교하며, 복도를 뛰어다니다가 자주 혼남.
- 지각하는 횟수가 많고, 가끔 결석하는 경우가 있어 어머니에게 연락함.
- 수업 시간에 교과서를 펴지 않고, 주변 친구들에게 말을 걸며 수업을 방해함.
- 쉬는 시간에 친구들과 심한 몸 장난을 하며, 화장실에서 장난하다가 문이 망가짐.
- 수행평가지를 빈 종이로 내고, 여학생을 놀리는 행동을 함.
- 친구와 대화할 때 습관적으로 욕하고, 급식실에서 떠듦.

삐딱이 행동 중재 과정

목 표 행 동

1) 학교 규칙 지키기
2) 수업에 참여하기

선행 사건(A)	문제행동(B)	후속결과(C)
1) 수업 준비가 안 됨. 2) 게임으로 늦게 일어남. 3) 화장실에 자주 감.	1) 수업 시간에 엎드려 잠. 2) 지각하고 자주 결석함. 3) 소리 지르고 뛰어다님.	1) 무관심하거나 책 펴라고 말함. 2) 지각 시 미리 전화하도록 함. 3) 하지 말라고 눈짓을 줌.
선행 사건 조정	**대체행동 교수**	**후속결과 조정**
① 교과서 펴는 것 미리 확인 ② 게임 일찍 끝내고 일찍 잠. ③ 줄을 서서 이동하도록 함.	④ 학습량 조절하고 과제를 줄임. ⑤ 지각을 하지 않도록 시계 알림 설정 ⑥ 수업 시간에 대체 과제 제시 ⑦ 학교 규칙 및 실내 질서 안내	⑧ 행동 약속 일일 점검 카드 점검 ⑨ 주별로 보상을 줌. ⑩ 방과 후에 상담과 칭찬

어느 날 교장실을 찾아온 삐딱이의 담임 선생님

"똑똑"

"네, 들어오세요."

"안녕하세요? 교장 선생님."

"드릴 말씀이 있는데, 시간 괜찮으세요?"

"네, 언제든지요. 여기 자리에 앉으세요."

피곤해 보이는 선생님의 모습 속에서 학생에 대해 이야기하려는 것임을 직감하였다. 소파에 앉게 하고, 음료수를 꺼내 목을 축이도록 하였다. 6학년 담임을 맡고 있는 선생님은 다른 학교에서 전근해 오신 분이셨다. 작년 5학년 때 학교폭력 사안이 가장 많고, 학부모 민원이 많아 기피하던 6학년 학급을 맡으셨다.

"선생님, 많이 피곤해 보이십니다. 선생님을 힘들게 하는 학생이 있나 봐요?"

"네. 저희 반에 삐딱이란 학생이 있는데 그 학생이 수업 시간에 엎드려 있고, 책도 펴지 않아요. 쉬는 시간에는 화장실에서 시끄럽게 하고, 장난을 심하게 치고요."

"선생님 고충이 많으시겠어요."

선생님의 이야기 속에서 학교폭력 사안에 연루되고, 작년 5학년 담임이 병가까지 고민하게 했던 한 학생이 떠올랐다.

담임교사의 호소

담임 선생님은 한숨을 내쉬면서 말을 이어갔다.

"어떻게 지도해야 할지 모르겠어요. 5학년 때 가장 말썽 피우던 학생이 저희 반이 되어서 너무나 속상해요."

"교직 생활을 하다 보면 즐거울 때도 있고, 힘들 때도 있는 것 아니겠어요? 선생님이 속상해 하고 힘들어 하셔서 선생님을 돕고 싶은데, 같이 학생 지도를 해 볼까요?"

힘들어 하는 담임 선생님을 달래고 자연스럽게 학생을 함께 지도해 보자고 제안하였다.

교장실 정기 협의에서 시작된 긍정적 행동지원 협력

"긍정적 행동지원(PBS) 경험이 있어서, 수업 방해나 생활지도가 필요한 학생들에게 효과적으로 적용할 수 있습니다. 함께 해보시겠어요?"

"네, 가능하다면 함께 지도하고 싶습니다."

"학생 지도는 선생님이 맡으시고, 저는 지도 방법을 안내해 드리겠습니다. 주 1회 교장실에서 정기 협의 시간을 가져도 될까요?"

"네, 좋습니다."

"그럼, 다음 주부터 시작하겠습니다."

학생의 행동 개선을 위해 함께 노력하자고 격려했다. 긍정적 행동지원 방법을 공동으로 학습하되, 문제행동이 해결되거나 적용이 어려울 경우 언제든 종료할 수 있다고 안내했다. 긍정적 행동지원의 성공을 위해서는 교사의 자발적 참여와 학생 행동 개선에 대한 확신이 필요하다.

1. 학생의 문제행동 이해를 위한 자료 수집

1) 심각도 파악을 위한 사전 검사 결과 분석

학생의 현재 상태가 어느 정도 심각한지 파악하기 위해 세 가지 사전 검사를 실시했다. 사회적 능력 검사는 교우관계와 학교 사회성을, ADHD 검사는 충동성과 주의 집중력을, 아세바(TRF) 검사는 아동청소년의 종합적인 행동평가를 측정한다. 담임교사에게 검사 특성을 설명하고 설문 작성을 요청했으며, 이해하기 어려운 문항은 언제든지 질문하도록 했다. ADHD 검사 결과를 바탕으로 담임교사와 다음과 같이 논의했다.

"검사 결과를 보니 학업에 지속적으로 주의 집중을 못 하고, 지시를 잘 따르지 않으며, 과제를 끝까지 완수하지 못하네요. 과제나 일을 자주 잊어버리고, 다른 사람을 방해하거나 간섭하는 행동도 보입니다."

"맞습니다. 수업 시간에 말을 많이 하고, 복도에서 뛰거나 떠드는 경우가 많아요."

사회적 능력 검사에서도 문제점이 나타났다.

"사회적 능력 검사에서도 과제 해결 능력이 부족하네요. 어려운 활동은 쉽게 포기하고, 갈등 상황에서 배려하는 말이나 행동을 하지 않습니다. 친구들과 협력 활동을 잘 하지 않고, 친구의 감정을 공감하지 못할 때도 있고요."

"네, 친구들과 말다툼을 자주 하고, 쉬는 시간에 화장실에서 소리 지르며 심한 장난을 칠 때가 있어요."

아세바 검사 결과도 심각했다.

"아세바 검사에서 사회적 미성숙, 주의 집중 문제, 규칙 위반, 공격행동이 나왔고, 불안 문제도 보입니다. 특히 ADHD와 품행 문제 수치가 높게 나왔네요."

"선생님들께 반항적이고 말대답을 잘하며, 수업 시간에 가만히 있지 못해요. 주의 집중력이 떨어지고 충동적으로 행동하며, 가끔 다른 학생을 신체적으로 공격할 때도 있습니다."

사전 검사 결과에 대해서 서로 공감하면서, 학생들의 심리적, 정서적 행동의 문제점을 발견할 수 있는 계기가 되었고, 무엇을 중점적으로 고쳐 나가야 할지가 명확해지는 느낌이었다.

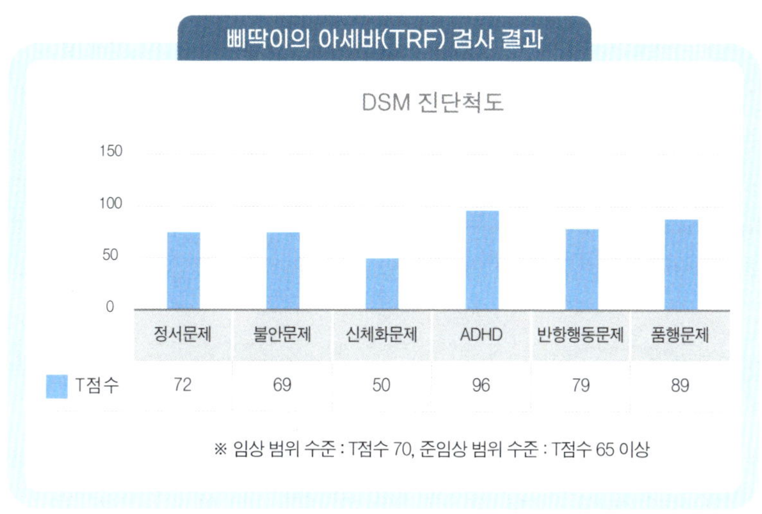

2) 실내화 등교에서 교과서를 찢기까지

매일 학생의 생활을 관찰하여 기록해 보는 것이 중요하다는 것을 깨닫고, 관찰을 통해 학생의 말과 행동을 알고자 하였으며, 문제행동의 심각도를 측정해 보고자 하였다. 2주간 학생의 말과 행동을 관찰하여 기록하였다.

날짜	관찰 내용
3. 20.	· 실내화를 신고 등교하고, 수업 시간에 책을 꺼내지 않음. · 쉬는 시간에 복도에서 뛰다가 다른 반 선생님에게 지도를 받음. · 급식실에서 춤을 추고, 밥 먹는데 옆 친구들과 큰 소리로 떠듦.
3. 24.	· 쉬는 시간에 심한 몸 장난을 하며 친구들을 건드리고 다님. · 책상과 사물함을 크게 치며 소음을 냄. · 수업 시간에 교과서를 펴긴 하나, 활동 참여를 하지 않음.
3. 26.	· 2교시 후 등교함. · 급식실에서 다른 반 학생들을 큰 소리로 말을 걸고 떠듦. · 분리수거 시간에 규칙대로 하지 않고 하고 싶은 대로 참여함. · 미술 시간에 물감으로 작품 활동을 시작하였으나, 망쳤다고 다 찢어버림.
3. 30.	· 쉬는 시간에 심한 몸 장난을 하고, 뒷문에서 문을 잡는 장난을 하다가 문이 망가짐. · 화장실에서 칸마다 위로 올라가 넘어 다니며 장난을 쳐서 선생님의 지도를 받음. · 새벽 6시까지 안 잤다고 하고, 점심시간에 복도에서 벽을 치며 과잉행동을 함.
3. 31.	· 수업 시간에 대부분 엎드려 있음. · 화장실에서 벽을 치거나, 친구들을 건들고 도망 다니며, 장난을 침. · 교과서를 찢어서 주변 자리를 더럽히고, 치우지 않음. · 옆 반 여학생을 놀리고, 화장실 문을 치거나, 이상한 춤을 춤.

"2주간 관찰 결과, 문제행동을 발견했나요?"

"관찰 기록을 해보니 수업과 생활면에서 문제행동들이 보였어요. 미인정 결석이 가끔 있고, 수업 시간에 수행평가나 활동 참여를 거부해요. 엎드려 있거나 친구들 공부를 방해하기도 하고, 쉬는 시간에 화장실에서 벽을 치거나 칸막이 벽을 넘는 심한 장난을 쳐요."

"가장 먼저 고쳐야 할 행동은 무엇이라고 생각하세요?"

"수업 참여 거부와 화장실에서의 심한 장난이라고 생각해요. 책도 펴지 않고 수업에 참여도 하지 않고, 쉬는 시간마다 화장실에서 문제를 일으키거든요."

"그럼, 이 일화 기록을 행동목표 설정에 활용하면 좋겠네요."

3) 조작적 정의: 주의 분산에서 위협적 파괴까지

문제행동은 심각도와 예방 가능성에 따라 3수준으로 분류한다. 수준별로 적절한 예방 및 중재 전략을 적용하는 것이 중요하다.

구분	1수준: 주의 분산행동	2수준: 타인 방해행동	3수준: 위협적 파괴행동
정의	자기 자신에게만 영향을 미치는 행동	타인의 학습이나 질서를 방해하는 행동	자신과 타인에게 해를 끼치는 행동
예시	바르지 않은 자세, 자리 이탈, 손장난, 소음 내기	수업 중 떠들기, 장난 치기, 괴롭히기 등 수업 중단을 야기하는 행동	때리기, 욕하기, 꼬집기, 차기, 물기 등 신체적 공격
중재	모든 학생 대상	개별이나 소그룹 대상	개별 대상

"그럼, 관찰한 행동을 바탕으로 삐딱이의 문제행동이 어느 수준인지 알아볼까요?"

"삐딱이는 제1수준과 제2수준에 해당하는 것으로 보입니다. 제1수준으로는 지각을 하거나, 엎드려 있거나, 소음을 내는 경우이죠. 제2수준으로는 지시에 불이행하거나, 부적절한 언어, 괴롭히는 말, 떠드는 등 수업 방해 행위가 해당된다고 생각합니다."

"삐딱이의 문제행동을 조작적 정의를 하면 지시 불이행, 언어적 공격, 과제 회피, 신체적 공격, 수업 방해 행동 등으로 볼 수가 있네요."

삐딱이의 문제행동을 조작적 정의하면 다음과 같다.

범주	조작적 정의
지시 불이행	· 잘못된 행동 지적에 변명하기, 실내화 신고 돌아다니기
언어적 공격	· 친구들한테 소리 지르기, 놀리기, 욕하기
과제 회피	· 과제를 회피하고 하기 싫은 활동지 찢어 버리기
신체적 공격	· 친구의 몸을 건드리고 도망가기 · 벽이나 책상, 사물함을 큰 소리 나게 치기
수업 방해 활동	· 수업 시간에 떠들고 소리 지르기, 장난치기

4) ABC 관찰: '왜 나한테만 그래요?'의 진짜 의미

삐딱이의 문제행동은 특정 원인에 의해 발생하며, 그에 대한 잘못된 대응은 행동의 재발이나 고착으로 이어질 수 있다. 따라서 문제행동의 선행 사건과 교사 또는 학생의 반응을 파악하는 것이 중요하다. 선행 사건은 문제행동 이전에 발생한 사건으로, 행동을 유발하는 요인이 될 수 있다. 이를 사전에 제거하면 문제행동을 줄일 수 있다. 또한, 문제행동 이후의 반응은 그 행동을 재발시키거나 강화할 수 있으며, 반응 방식에 따라 결과가 달라진다.

다음은 삐딱이의 문제행동에 대한 선행 사건과 후속결과이다.

선행 사건	문제행동	후속결과 (교사 또는 또래의 반응)
친구가 때리고 도망가는 장난을 침.	친구의 가방을 변기에 넣음.	다음부터는 그런 행동을 하지 말자고 핀잔을 주자, 왜 나한테만 그러냐고 대듦.
책상 주변이 너무 지저분하다고 이야기함.	친구들에게 내 자리인데, 왜 시비 거냐고 다툼.	친구들이 뭐라고 하자, 정리하지 않고 하교함.
화장실에서 소란스럽게 행동하여 질서 있게 행동하라고 지적함.	"제가 왜요? 왜 저한테만 그래요." 등 선생님에게 반항적인 말과 행동을 함.	친구들과 화장실에서 소란스럽게 한 것은 잘못이라고 이야기하자 행동을 멈춤 .

5) 행동 패턴 분석: 어려운 과제 피하기와 관심 받기

동기사정척도 검사를 해 보았다. 동기사정척도 검사는 학생이 문제행동을 많이 보일 것 같은 상황에서 학생이 대응하는 패턴을 알아보는 검사이다. 이런 정보를 통해 적절한 대체행동을 선정하는 데 도움을 줄 수 있다. 감각 놀이, 회피하기, 관심 얻기, 구체물 얻기 등 학생들은 크게 네 가지를 획득하기 위해서 행동한다고 보는데, 어떤 동기에 의해서 학생이 행동하는지를 알게 되면, 학생의 문제행동을 감소시키는 데 도움이 된다.

"검사 결과가 어떻게 나왔나요?"

"감각 놀이는 9점, 회피하기 20점, 관심 얻기 17점, 구체물 얻기 13점으로, 주로 어려운 과제를 피하려 하고 관심 받기를 좋아하는 것으로 보입니다."

"그중 두드러진 특징은 무엇인가요?"

"수업 시간에 친구들의 관심을 끌기 위해 말을 하거나, 쉬는 시간에 과잉행동을 보이기도 합니다. 과제를 요구받으면 반항적인 행동으로 회피하기도 합니다."

"학생은 미인정 결석과 지각이 잦고, 수업 중에는 과제를 피하려고 엎드리거나 프린트물을 찢기도 합니다. 하지만 흥미로운 활동에는 참여하기도 하고, 때로는 수업을 방해하는 행동으로 이어집니다."

"쉬는 시간이나 점심시간에는 과잉행동, 욕설, 큰 소리 등을 내며, 규칙을 무시하거나 교사의 지시를 따르지 않는 경우가 있습니다."

"하루하루 비슷한 문제행동이 반복되고, 주 1~2회는 미인정 결석이나 지각이 나타납니다."

행동지원계획을 세우기 위해 지금까지 학생의 행동과 그에 따른 반응을 기술해 본다.

배경 사건, 선행 사건	문제행동	동기 사정	후속결과
줄 서서 이동하기	이상한 큰 소리 지르기	관심 받기	조용히 하라고 제지하기
벽 근처 지나가기	주먹으로 벽치기	관심 받기	눈으로 노려보기
수업 시간에 책 펴기	책 펴지 않고 엎드리기	회피	무관심하거나 책 펴라고 말하기
늦게 일어나기	지각하기	회피	일찍 오라고 말하기
복도나 급식실 등 넓은 공간 지나기	뛰기, 높이 오르기	관심 받기	하지 말라고 제지하기

2. 행동 중재

1) 목표행동 세우기: 학교 규칙과 수업 참여

목표행동은 학생이 가지고 있는 여러 가지 문제 중에서 시급히 해결해야 할 것들을 정한다.

"목표행동은 어떻게 정하면 좋을까요?"

"학교 규칙 지키기와 수업 참여 두 가지로 정하면 좋습니다. 규칙 지키기에는 바른말 사용, 자리 정리, 질서 지키기, 화장실 사용, 큰 소리 내지 않기, 자기 정리와 청소 같은 구체적인 행동을 포함하면 됩니다."

"수업 참여는 태블릿 PC를 활용해 쉽게 학습할 수 있도록 하고, 수학처럼 하기 싫은 과목은 간단한 문제만 풀게 한 뒤 나머지 시간은 만화 그리기 등 학생이 선택할 수 있도록 하면 좋습니다."

"강화물은 무엇으로 하면 좋을까요?"

"친구들의 관심이나 언어적 칭찬을 좋아하고, 간식이나 학용품 같은 선물도 좋아합니다."

2) 선행 사건 중재: 3단계 방어선과 주간 보상

먼저 선행 사건을 중재하였다. 학습량을 조절해 학생이 수업에 싫증을 내지 않도록 하였고, 욕 대신 바른말을 사용하도록 대체행동을 가르쳤다. 또한 방어선을 구축해 눈 마주치기, 이름 부르기, 부모 상담하기의 3단계를 거쳐 문제행동을 사전에 차단하였다. 마지막으로 행동약속 체크리스트를 활용해 1주일 단위로 칭찬과 원하는 보상을 제공하였다.

"행동 약속 일일 체크리스트는 어떻게 운영할 계획인가요?"

"하루 일과에서 중요한 내용을 점수화해 매일 기록합니다. 지각(1점), 수업 참여(3점), 배움 공책 쓰기(2점), 욕하지 않기(2점), 쉬는·점심시간 과잉행동 자제(5점), 큰 소리 내지 않기(2점), 화장실 사용(2점), 자기 정리·청소(2점) 등으로 총점은 20점입니다."

"강화물은 어떻게 제공하나요?"

"매주 금요일 점검 후 간식, 학습 준비물, 칭찬 스티커 등을 제공합니다."

3) 문제행동 기능 분석: 회피와 관심 얻기

학생의 기능에 따른 중재 방법을 제공한다. 학생들은 여러 가지 자극에 대한 반응으로 감각 추구, 회피 반응, 관심 얻기, 강화물 얻기 등의 행동을 보이는데, 이에 따른 중재 방법을 강구한다. 조사 결과, 회피 반응과 관심 얻기에 집중해서 문제행동을 일으킨다는 것을 알 수 있었으며 그에 따른 중재 방법을 강구해 보았다.

행동의 기능에 따른 중재 방법

행동의 기능	예시	중재 방법
회피	- 수업 시간에 엎드려 자기 - 지각하고, 자주 결석하기	1. 선택권 제공: 학생에게 두 가지 과제 중 하나를 선택하게 함. (예: "수학 문제 풀래, 아니면 만화 그리기 할래?") 2. 적절한 수면 제공: 전날에 게임 시간을 조율하고, 일찍 잠을 자도록 약속해 아침에 일찍 일어나기 3. 과제에 대한 긍정적 피드백: 과제를 잘 마친 후 칭찬하거나 보상 제공. (예: "이 과제를 끝내면 좋아하는 게임을 할 수 있어요!")

행동의 기능	예시	중재 방법
회피	- 수업 시간에 엎드려 자기 - 지각하고, 자주 결석하기	4. 점진적인 노출: 학생이 새로운 환경에 잘 적응할 수 있도록 점진적으로 노출하게 한다. (예: 처음에는 교실에서 짧은 시간 동안만 과제를 하게 하고, 점차 시간을 늘려줌.)
관심 얻기	- 수업 중 떠들거나 딴짓하기 - 화장실 등에서 소리 지르거나 물건을 함부로 대하기 - 친구에게 목을 잡는 등 과잉행동 하기	1. 적절한 행동에 대한 주의 제공: 바람직한 행동을 할 때 즉시 칭찬하거나 주의를 기울임. (예: "자세가 바르네. 잘했어요!") 2. 부적절한 행동에 무시: 부적절한 행동을 무시하고, 그 행동을 보지 않음. (예: 수업 중 떠들면 교사가 무시하고 계속 수업을 진행) 3. 대체행동 제공: 수학 등 하기 싫어하는 수업에서는 과제로 만화 그리기 등 대체행동을 하게 함 4. 규칙 준수 안내: 친구들을 괴롭히거나, 식사 시간 줄서기 등 질서를 지키도록 학교 규칙 및 생활 규정을 안내함.

행동 중재 돌아보기

반항에서 적응으로: 위기학생, 긍정적 행동지원이 만든 변화

"삐딱이는 긍정적 행동지원 후 어떤 변화가 있었나요?"

"처음에는 친구들을 힘들게 하고 분위기를 흐려서 학습에 방해가 됐습니다. 학교와 교사에 대한 반감이 크고, 규칙을 일부러 어기며 마음대로 행동했지요. 인정은 받고 싶어 하지만 지도하면 반항하는 경향이 있었습니다."

"개별 중재 후에는 무단결석과 지각이 사라지고, 수업 참여도 노력하는 모습이 보입니다. 쉬는 시간의 과잉행동은 남아 있지만 예전보다 줄어서 통제가 가능해졌습니다. 가끔 규칙을 어기긴 하지만 전반적으로 학교생활에 적응하려고 합니다."

담임 선생님의 소감 에세이

삐딱이를 지도한 선생님의 소감문을 소개한다.

첫날 미인정 결석한 학생이 1달 반 만에 지각 없는 학생이 되기까지

올해 우리 학급으로 배정된 한 학생으로 인해 주변에서는 처음부터 걱정의 시선이 가득했다. '혹시 나로 인해 이 학생이 변화될 수 있을까?'라는 의문과 작은 기대감을 갖고 첫 만남을 준비했지만, 첫날부터 이 학생은 미인정 결석이었다.

둘째 날 만난 학생의 첫인상은 그야말로 딱 반항적인 중학생 같았다. 큰 소리로 자기 자리를 물어보고 삐딱한 말투로 한마디씩 툭툭 내던진다. 쉬는 시간만 되면 복도를 뛰어다니고 화장실에서 큰 소리를 내며 말썽을 부린다. 툭하면 학교에 나오지 않았고, 나오는 날은 거의 매일 지각이다. 2~3교시쯤 들어와 수업 시간 내내 엎드려 있다가 쉬는 시간만 되면 복도에 나가 말썽을 부리는 생활을 반복했다. 가정에서 돌봄을 받지 못하여 사랑이 부족한 학생이라는 것을 알면서도, 반복적인 못된 행동을 보며 사랑을 주기에는 내 마음이 너무 불편했다. 솔직히 이 학생이 참 싫었다.

그러던 중 교장 선생님께서 「긍정적 행동지원 프로세스」로 이 학생의 문제점을 분석하고 교정해 보자고 하셨다. 지푸라기라도 잡고 싶은 심정으로 시작했다. 처음에는 관찰하는 것만으로도 힘들었지만, 점차 이 학생의 반복되는 문제행동에 공통점이 보이기 시작했다. 이 학생은 주변의 관심과 사랑을 받고 싶어 했고, 친구들과 함께하는 시간을 굉장히 소중히 여겼다. 교사의 칭찬과 인정도 좋아하여 달콤한 간식이나 학습 준비물를 챙겨주는 것도 좋아했다.

학생을 이해해 가면서 나도 조금씩 마음을 열게 되었고, 어느새 이 학생이 좋아할 만한 것을 찾고 있는 내 모습을 발견했다. 마트에 가면 과자 한 봉지를 더 사 오고, 학생이 잘할 때마다 칭찬과 선물을 주었다. 그런 내 모습을 본 학생이 학교생활을 잘 해보겠다며 나와 약속했다. 학생이 지켜야 할 생활을 세분화하여 정보를 제공했고, 학생은 매일 체크리스트를 하며 그날 그날 생활을 반성하고 더욱 잘 하려는 모습을 보였다.

1달 반의 시간이 지났다. 지각 한 번 안 하고 수업 중에 잘 참여하며 조금은 더 바르게 생활하려는 모습을 보면 참 뿌듯하다. 아직도 말썽을 부리지만 잘못을 인정하고 받아들이는 자세도 배우고 있다. 지금은 첫인상 때 보았던 독기 어린 눈 대신 미소를 머금은 얼굴로 나를 대한다.

한 학생이 교사가 이끌어 주는 만큼 바르게 성장하는 것보다 더 뿌듯한 것이 있을까? 이 학생의 미래는 알 수 없지만, 현재 나와 함께 하는 이 시간만큼은 좀 더 편안하게 학교에 다닐 수 있었으면 좋겠다. 그리고 이 학생이 성장한 만큼 나도 학생들을 이해하는 교사로 한층 더 성장할 수 있는 시간이 되었다.

교장과 교사가 한 팀이 된 학생 지원: 관리자 역할의 새로운 패러다임

개별 긍정적 행동지원(PBS)을 통해 한 학생의 긍정적인 변화를 이끌어 낼 수 있었다. 담임교사의 꾸준한 지원 덕분에 학생의 행동 변화가 뚜렷하게 나타났다. 수업 시간에 포기하고 엎드려 있던 학생은 점차 수업에 참여하게 되었고, 교사의 요구에 반항하던 태도는 교사와의 친밀한 관계로 바뀌었다. 쉬는 시간이나 점심시간에 소리를 지르거나 욕설하던 모습은 점차 줄어들고, 친구들과 활발하게 어울리는 모습으로 변하였다. 또한 잦던 지각과 미인정 결석이 사라지며 학교에 잘 적응하게 되었다.

이러한 변화는 학생 지도 효과이면서 동시에 담임교사의 헌신과 열정 덕분이기도 하다. 개별 긍정적 행동지원을 통해 학생은 성장했고, 교사 역시 효능감을 높이는 결과를 얻었다. 때로는 지도 실패로 인해 교사가 힘든 시간을 겪기도 하지만, 긍정적 행동지원은 교사에게 기쁨과 성장을 경험하게 해주었다.

나아가 긍정적 행동지원은 교장과 교사가 한 팀이 되어 학생을 지원하는 사례를 만들었다. 교장이 업무 지시자가 아니라 학생 문제행동을 함께 연구하고 지도하는 역할로 확장된 것이다. 만약 교장이 수업 방해 학생이나 지도에 어려움을 호소하는 교사들에게 실질적인 도움을 준다면, 학교는 더욱 평화롭고 행복한 공간으로 변화할 것이다.

나눔 질문

1. 관찰 기록과 검사 결과를 통해 학생의 문제행동을 구체적으로 정의하는 과정을 소개했습니다. 교사로서 학생의 행동을 기록하고 분석하는 실천을 해본 적이 있으신가요? 있다면 어떤 점이 도움이 되었고, 어떤 한계가 있었나요?

2. 선생님께서 지도했던 학생 중에서도 특정 동기(관심, 회피, 강화물 등) 때문에 반복된 문제행동을 보인 경우가 있었나요? 그때 어떻게 대응하셨나요?

3. 사례 속 교사는 교장 선생님과 함께 협력하며 학생의 변화를 경험했고, 그 과정에서 교사 자신도 보람과 성장을 얻었다고 합니다. 선생님은 어려운 학생을 지도하면서 어떤 순간에 가장 큰 성취감이나 교직의 보람을 느끼셨나요?

제7장

유머와 폭언 사이, 고3 막말이

막말이에 대한 정보

★ 막말이는

- 고등학교 3학년 남자
- 아세바 검사 결과 : 임상범위-ADHD, 준임상 범위-주의집중에 속함.
- 애교가 많아 어머니와 사이가 좋음.
- 낮은 학업 성취도를 보임.

★ 주요 행동 특징

- 쉬는 시간 큰 소리로 친구를 인신공격함.
- 친구와 서로 놀리다가 가끔 감정이 격해지기도 함.
- 친구들 앞에서 싫어하는 선생님의 외모를 비하하는 발언을 큰 소리로 함.
- 자습 시간에 친구와 잡담하여 학습 분위기를 흐림.

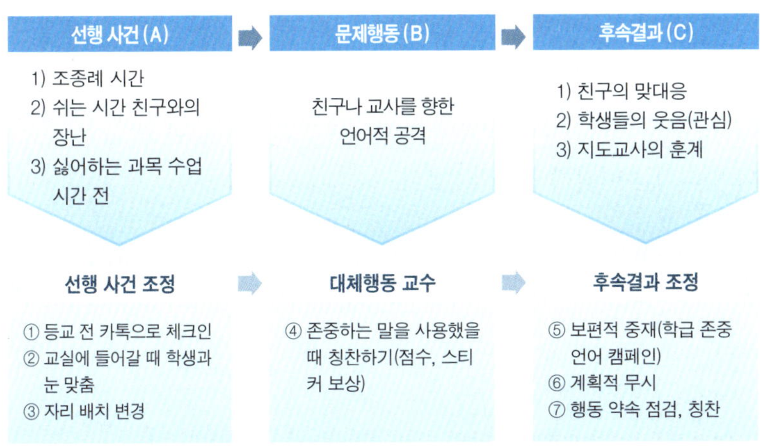

연예인이 꿈인 학생

막말이를 처음 만난 건 1학년 축구부 동아리에서였다. 친구들과 어울리기 좋아하고, 유머러스한 말로 분위기를 띄우는 재주가 있는 학생이었다. 2학년 때도 물리 동아리에서 막말이와 함께하였고, 학업에는 흥미가 없던 학생에게 물리부 가입 동기를 물어보니 "쌤이 좋아서요."라는 깜짝 대답이 돌아왔다. 물리 실험이나 과제에 집중하는 데는 다소 부족했지만, 막말이는 언제나 친구들에게 재미있는 농담을 하며 즐겁게 동아리 활동을 이어갔다.

언어적 공격과 유머 사이

막말이가 3학년이 되었을 때, 우리는 담임과 제자 관계가 되었다. 내가 맡은 학급은 고등학교 3학년 이과반 물리 선택자가 모인 학급으로 타 학급에 비해 학습, 생활 태도가 우수한 편이었다. 4월, 막말이는 본격적으로 존재감을 뽐내기 시작했다. 그의 단짝 친구인 영식이 옆에 앉아 아침 자습 시간이나 쉬는 시간에 큰 소리로 농담을 주고받았다. 어느 날 조회 시간, 고3의 긴장된 분위기가 물씬 풍기는 교실에서 막말이와 영식이는 여전히 시끌벅적했다.

"아, 김! 민! 주! 진짜."

"왜. 이! 승! 호!"

나는 막말이에게 말했다.

"막말아, 좀 조용히 해줄래? 근데 김민주가 누구야?"

학생들이 웃음을 터뜨렸다.

"선생님, 영식이 누나예요!"

"응? 막말아, 영식이 누나 이름을 왜 부르니?"

"영식이가 먼저 제 형 이름을 부르잖아요!"

그렇게 큰 문제는 아닌 듯하여 별다른 제재 없이 넘어갔다.

4월의 어느 날, 조회가 끝나고 1교시 영어 수업을 하러 가기 직전이었다.

"애들아, 영어 수업으로 이동해라. 오늘 하루 잘 보내고, 이따 보자."

막말이가 큰 소리로 외쳤다.

"아! 독사 또 만나야 하네! 독사 xx! 진짜 싫다!"

담임이 있는 자리에서 자신이 싫어하는 선생님의 외모를 공개적으로 비하하는 막말이.

"막말아, 선생님을 그렇게 얘기하면 어떡하니?"

"앗! 죄송합니다."

막말이는 바로 잘못을 시인했지만, 그의 언어적 공격은 점점 더 심해져 갔다. 막말이는 정말 매일매일 새로운 웃음을 주는 동시에, 때로는 걱정거리도 만들어 내었다. 시간이 지날수록 언어적 공격의 횟수와 강도가 증가하였다. 가끔은 친구와 얼굴을 붉히며 감정이 격해지는 말다툼으로 이어지기도 하였기에, 언어적 공격이 있을 때마다 말로 여러 번 주의를 주었지만 효과가 없었다. 학급 문화에도 영향을 끼쳤기에 막말이를 대상으로 긍정적 행동지원을 적용하기로 하였다.

1. 학생의 문제행동 이해를 위한 자료 수집 과정

1) 고3 막말이의 숨겨진 어려움, ADHD와 불안 문제 발견

막말이를 긍정적 행동지원 대상으로 정한 후, 아세바 검사를 실시하기 전에 동의를 얻기 위해 어머님께 전화를 걸었다. 학부모의 마음을 열기 위해서는 첫인상이 중요한 법. 칭찬으로 통화를 시작한다.

"안녕하세요. 어머니. 막말이 담임입니다. 막말이가 고3이라 무거울 수 있는 저희 반 분위기를 아주 밝게 만들어 주고 있어요. 공부도 시작하려고 마음을 잡은 것 같고요."

"어머, 그런가요? 감사합니다."

"혹시 막말이를 지도하면서 제가 알아야 할 사항이 있을까요?"

"다른 문제는 없는데, 진학이나 성적이 걱정됩니다."

"그렇군요. 학업은 정서적으로 안정될 때 집중할 수 있거든요. 혹시 막말이 대상으로 정서 검사를 해봐도 될까요?"

"그럼요. 신경 써 주셔서 감사합니다."

막말이를 점심시간에 불러서 아세바 검사를 실시하였다. 교사가 하는 TRF(Teacher's Report Form) 방식도 있었지만, 고등학생이기에 학생 스스로 하는 YSR(Youth Self Report)을 선택하였다. 검사 결과 'ADHD'는 임상범위였고, '불안 문제'와 '주의 집중 문제'는 준임상 범위에 속하였다.

2) ABC 관찰: 막말에서 폭언까지

막말이를 관찰한 후 ABC 기록표에 기록하였다. 아래는 그중의 일부 내용이다.

A (선행 사건)	B (문제행동)	C (후속결과)
영어 시간이 든 날, 조회 후 이동 시간 담임, 수업 이동을 지시함.	막말이, 자리에 앉아 큰 소리로 "아이씨, 독사 또 만나야 하네. 짜증나!"라고 소리침.	친구들, 듣고 웃음. 담임, 언어 사용에 대해 훈계
담임, 언어 사용을 지적함.	막말이, 굳은 얼굴로 조용히 함. 영식이, 혼나는 막말이를 놀리며 복도로 나감.	막말이, 영식이를 쫓아 나가며 친구에게 욕함.

3) 조작적 정의: 막말이의 '막말'을 구체화하다

막말이의 문제행동을 조작적 정의로 다시 정리해 본다. ABC 관찰을 통해 파악된 막말이의 문제행동은 언어적 공격과 수업 방해였다.

범주	조작적 정의
언어적 공격	조회 시간이나 쉬는 시간에 친구 가족을 들먹이며 큰 소리로 모욕성 발언을 함.
언어적 공격	싫어하는 과목이 들은 날 친구들 앞에서 이동 시간에 큰 소리로 해당 선생님의 외모를 비하하는 발언을 함.
수업 방해	자습 시간이나 과제 시간에 친한 친구에게 말을 걸고 이야기함.

4) 문제행동 패턴

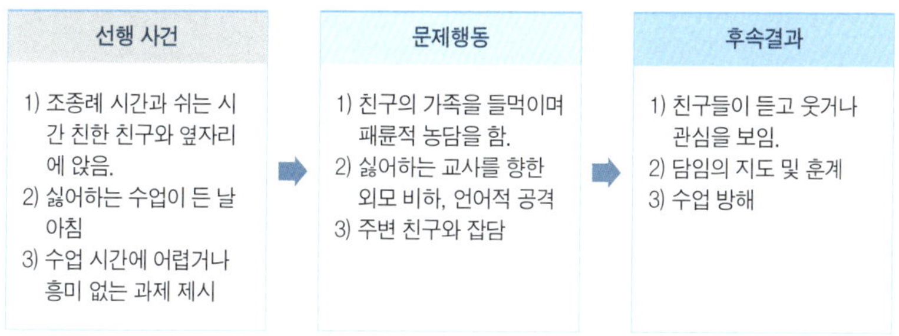

2. 행동 중재

1) 목표행동 정하기: 언어적 공격에서 존중하는 언어로

막말이의 문제행동은 '친구나 교사를 향한 언어적 공격'이다. 막말이의 문제행동은 주로 조종례 시간과 쉬는 시간, 싫어하는 과목 수업 시간 전에 일어났다. 막말이가 언어적 공격을 한 후 친구들은 맞대응, 웃음(관심)의 반응을 보였으며, 지도교사인 나는 언어적 훈계를 하였다. 동기 사정 결과 막말이의 문제행동 동기는 친구들의 '관심 획득'이었다. 언어적 공격 후의 친구들의 반응과 교사의 훈계가 오히려 막말이의 문제행동을 강화해 줌을 발견할 수 있었다. 목표행동은 '타인을 존중하는 언어 사용'으로 잡았다.

2) 선행 사건 중재

① 막말이와의 행동 계약, 카톡으로 이어가는 일일 피드백

고등학교에서는 교과별로 선생님이 다르기에 학생을 관찰할 수 있는 시간이 부족하다. 교사 실재감을 주기 위해 카톡을 적극 활용했다. 막말이와 행동 계약을 시작하는 날 출근하는 지하철에서 카톡을 보낸다.

"막말아, 오늘이 첫날이네, 존중하는 언어 사용 잘 시작해 보자."

"네, 선생님."

하루가 끝난 후 돌아오는 길.

"막말아. 오늘은 실수로 욕을 한 번 해서 2점이네. 내일은 더 잘 해보자."

"네, 선생님. 감사합니다."

막말이의 긍정적인 변화가 관찰될 때, 부모님께도 변화의 모습을 알리고 칭찬해 달라는 문자를 보냈다.

② 교실에 들어갈 때 눈 맞춤, 자리 변경

긍정적 행동지원에서는 문제가 일어나기 전 예방이 중요하다. 조회

하러 교실 문을 열고, 막말이의 얼굴만 쳐다보며 들어간다. 사회성이 있는 학생이어서 막말이도 나와 눈을 맞춘다. 고3이지만 눈치를 보는 모습이 귀엽기도 하다. 카톡과 눈 맞춤을 통해 문제행동이 있기 전에 관심을 주어 막말이의 욕구를 채워 주는 것이다.

또한 그동안은 자유석으로 앉던 것을 바꿔서 추첨으로 자리 배치를 하였다. 그 결과 막말이는 단짝인 영식이와 떨어져 앉게 되었고, 수업 시간에 잡담 횟수도 줄어들었다.

3) 대체행동 교수

① 축구와 음료수를 건 약속

처음 긍정적 행동지원을 적용할 때는 염려가 되었다. 보통 특수학급에서 실시됐고 초등학생을 대상으로 적용한 사례는 많지만, 국내 고등학교에서 적용한 사례는 거의 없기 때문이다. 고등학생이란 것을 고려하여 막말이의 의견을 충분히 듣고 보상 기준과 강화물을 함께 정하기로 하였다.

"막말아, 네가 연기자나 개그맨이 되고 싶다고 했잖아. 선생님도 너랑 잘 맞을 것 같아. 그런데 뉴스를 봐서 알겠지만, 요즘은 말 한마디가 큰 논쟁거리가 되는 세상이야. 평소 막말이가 사용하는 언어 습관을 존중하는 언어로 좀 바꿔 보면 좋겠는데, 선생님하고 같이 시도해 보면 어떨까?"

"네, 알겠어요."

"선생님이 널 관찰할 수 있는 조종례 시간과 수업 시간에 욕이나 비속어, 패드립을 하지 않으면 3점, 1회 하면 2점, 2회 이상 하면 1점을 줄

거야. 날마다 받은 점수를 더해서 보상하고 싶은데 2주 정도 하면 몇 점 정도 받을 수 있겠니?"

"하루 2점 정도니까, 10점 정도는 받아 볼게요."

"그래 좋아. 그럼 10점 이상 받으면 선생님이 뭘 해주면 좋겠어?"

"아! 물리 수업 시간에 한 번만 운동장 나가서 축구하면 안 돼요?"

"음, 교감 선생님이 이번 주 회의 때 체육 시간 제외하고 운동장 나오지 말라고 하셨는데, 막말이가 약속을 지키면 한번 나가 보지 뭐. 그리고 교육청에서 온 지원금이 있거든. 그 돈으로 너 이름으로 우리 반 음료수도 사줄게."

"좋아요."

당장 다음날부터 시작하기로 하였다. 잘 될지 의심도 들었지만, 기대도 되었다.

② 첫날부터 나타난 기적: 막말이가 만든 조용한 교실

카톡 체크인을 하고, 아침에 교실에 들어갈 때 막말이를 쳐다본다. 평소 옆 친구와 얘기 나누기 바빴던 막말이도 나와 눈을 마주치며 나를 의식한다. 막말이가 다른 사람을 비하하거나 관심을 얻기 위해 말을 하지 않으니 자연스레 조용한 학습 분위기가 형성되었다. 그렇게 잔소리해도 효과가 없었는데 첫째 날부터 즉각적인 효과가 나타나니 신기했다.

하지만, 다른 학생들의 언어 습관은 그대로였다. 막말이가 욕을 하지 않지만, 다른 친구들은 여전히 장난과 인격 비하 경계선에 있는 공격적 언어를 사용하였다. 또한, 내가 들어가지 않는 다른 과목 시간은 어떻게 관찰하여 습관을 형성할 수 있을지 대책이 필요했다.

4) 후속결과 중재

① 학급 존중 언어 캠페인: 개별 중재에서 전체 참여로

개별 중재 3일째 되는 날 자율시간에 학급 회의를 열었다.

"얘들아, 너희에게 할 말이 있어. 너희도 이제 1년 후면 사회에 나가게 되는데, 남고에서 3년 동안 생활하다 보니 사용하는 언어가 거칠어서 걱정된다. 그래서 내일부터 학급 존중 언어 캠페인을 하려고 하는데 어떠니? 선생님이 나무 그림을 인쇄해 왔어. 만일 존중하는 언어를 사용하면 여기에 사과 열매를 붙일 거야."

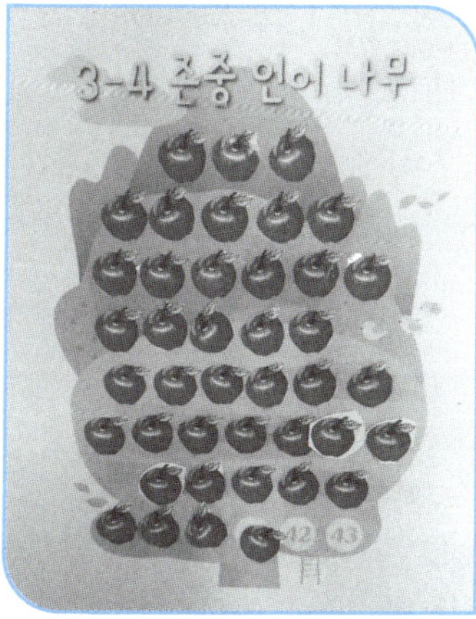

"에이, 너무 유치한 거 아니에요?"

"대신에 이 나무를 다 채우게 되면 고기뷔페를 갈 거야."

"좋아요. 해요!"

역시 고기 앞에 장사 없다. 회식비가 걱정되었지만, 교육청의 학급 지원금을 사용하기로 했다. 교내 메신저로 존중 언어 캠페인을 알리고 3명의 교과 선생님과 함께하였다. 캠페인 전에는 욕이나 비방하는 말을 들은 학생들은 되받아치거나, 웃음 등으로 관심을 주었다. 캠페인이 시작된 후로 한 학생이 욕을 하면 나머지 학생들이 그 학생을 나무라거나 부정적 반응을 하였다.

② 계획적 무시

습관의 힘이 무섭기에 학급 학생들이나 막말이는 습관적인 비속어를 사용하기도 했다. 하지만 예전처럼 큰 소리로 욕하거나, 상호 간 언어적 공격이 지속되지는 않았다. 비속어 사용에 모두 반응하면 하나의 강화제가 될 수 있기에 작은 소리의 비속어는 무시하였다.

③ 가짜 연기에도 진심으로 반응한 2주, 그리고 고기 힐링

막말이와 약속한 2주 동안 막말이는 일부러 내 앞에서 너스레를 떨기도 했다.

"아, 오늘 영어 들었네. 내가 좋아하는 영어 쌤 만나러 가야지."

가짜 연기라는 걸 알지만, 즉각적으로 반응해 주었다.

"오, 막말이 때문에 사과 열매 추가!"

막말이는 대체행동으로 관심을 얻는 경험을 하게 되었으며, 그렇게 2주가 지나갔다.

"얘들아, 오늘 막말이가 선생님이랑 한 약속을 잘 지켜서 물리 시간에 축구하러 나갈 거야. 음료수도 막말이 때문에 주는 거야."

신나게 축구하다가 교감 선생님의 호출을 받기도 했지만, 존중 언어 캠페인을 했다고 하니 이해해 주셨다. 학급 존중 언어 캠페인을 시작한 뒤 2개월, 9월 모의평가 후에는 단체 고기 힐링을 할 수 있었다. 고3 학생들의 행복한 모습은 잊지 못할 것 같다.

3. 중재 후 변화 모습

1) 습관적 욕설이 자발적 멈춤으로

그래프에 있는 수치는 하루 중 조종례 시간, 물리 수업 시간에 담임 교사가 관찰한 막말이의 언어 공격 횟수이다. 3월 초부터 막말이가 조종례 시간과 쉬는 시간, 수업 시간에 사용했던 공격적 언어 사용(욕, 인신공격, 패륜적 농담)의 횟수가 행동 약속을 시행한 순간부터 급격하게 줄어들었다. 습관적으로 욕을 할 때가 있지만, 한 후에 바로 교사를 의식하고 자발적으로 멈추었다.

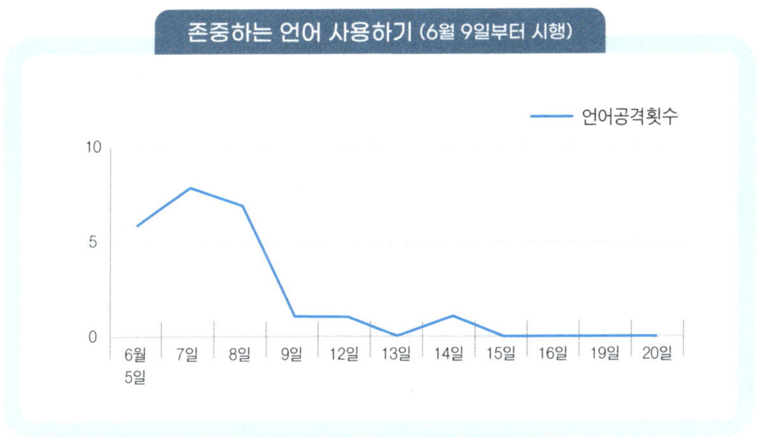

2) 허용에서 견제로: 학급 언어 문화의 완전한 역전

학급 내에서 존중 언어 캠페인(집단 보상)을 시작한 후 공격적 언어가 허용되던 분위기가 역전되었으며, 막말이를 비롯한 학급 학생은 문제행동의 동기였던 타인의 관심을 공격적 언어 사용으로 얻지 못하게 되었다. 보편 중재와 개별 중재의 동시 진행으로 학급 내 언어 사용 문화가 개선되었다. 다른 과목 선생님께도 부탁드려 학생들의 언어 사용을 함께 관찰하도록 한 것도 도움이 되었으며, 언어 사용 문화 개선은 수업 분위기 형성으로 이어졌다.

3) 졸업 후에도 찾아오는 막말이

개별 중재 전에 교사는 학생이 욕하면 훈계하는 식으로 대응하였으나 그 효과성이 점점 떨어졌고, 교사의 관심이 학생 문제행동의 기능이 되었다. 개별 중재 이후 학생의 긍정적 변화를 메신저를 통해 칭찬하고, 가끔 작은 소리로 하는 공격적 언어는 계획적 무시를 하였다. 그 결과 문제행동의 해결과 함께 학생과의 긍정적 관계가 강화되었다. 졸업 후에도 막말이는 자주 학교에 놀러 온다. 만일 벌점이나 효과 없는 잔소리만 반복했다면 이런 결과는 없었을 것이다.

고등학교 긍정적 행동지원(PBS) 적용의 가능성과 한계

'고등학교에서 행동 중재 전문가가 아닌 한 평범한 교사가 PBS를 적용할 수 있을까?' 의문을 가지고 시작하였지만, 보편적 중재를 탄탄히 하고 상황에 맞게 변형하여 적용한 결과 신속하고 명확한 효과를 확인할 수 있었다. 학생들이 무서워하지 않는 순한 교사, 계획성이 약한 MBTI의 P형 교사임에도 변하는 학생의 모습을 보며 교사 효능감을 느꼈다.

이미 생활 습관이 굳어진 고등학생이지만, 행동 계약의 기준과 강화물을 정할 때 학생 의사를 적극 반영한다면 충분히 가능했다. 10년 넘게 칭찬을 받아보지 못한 학생의 인정욕구를 채워 주었기 때문이 아닐까?

물론, 이번 긍정적 행동지원을 적용한 학생은 심각도가 낮은 학생이었기에 일반화하기에는 한계가 있다. 더 다양한 문제행동(자해, 폭언, 폭행, 습관적 신고 등)에 대한 추가 사례 연구가 필요하다.

교사들의 짐이 이미 무겁기에 긍정적 행동지원 지도법을 필수 연수에 포함하거나 관리자의 일방적 지시 중심의 실행은 지양해야 한다. 교원 학습공동체로 진행하여 교사의 자발성과 선택권을 존중하고, 함께 연구하고 실천할 동지들이 있을 때 교사는 생활지도 전문가로 성장할 수 있을 것이다.

나눔 질문

1. 막말이는 즉각 훈계보다는 계획적 무시와 대체행동 강화로 접근한 것이 효과적이었습니다. 우리 반에서는 '무시해야 할 행동'과 '즉각 개입해야 할 행동'을 어떻게 구분할 수 있을까요?

2. 사례에서 문제가 발생하기 전에 예방적 관심을 주는 방식이 효과를 냈습니다. 선생님의 수업이나 생활지도 상황에서 학생에게 줄 수 있는 '예방적 관심'에는 어떤 것들이 있을까요?

3. 우리 학교에서 동료 교사들과 경험을 공유하고 PBS를 확산할 수 있는 방법에는 무엇이 있을까요?

4. 사례 속 교사는 순한 교사, MBTI P형 교사도 할 수 있었다고 합니다. 나의 교사 성향을 나눠 보고, 나의 성향에 맞는 긍정적 행동지원 방법을 나누어 볼까요?

4부

공격, 파괴 행동

우리의 노력은
나비의 날갯짓에 불과한
작은 행동일지도 모른다.
그러나 그 작은 시작이
빛나는 변화의 신호탄이 될 것이다.

-《교실에서 별을 만나다》 중에서

제8장

날마다 친구를 건드리고 때리는, 쿵쿵이

쿵쿵이에 대한 정보

★ 쿵쿵이는

- 초등학교 2학년 남자
- 아침마다 맑은 얼굴로 학교에 와서 해맑게 웃고 한결같이 사람들을 대함.
- 2학년 6월부터 특수학급과 통합학급에서 같이 공부함(언어 지연)
- 가족은 부모님과 중학생 누나가 있고 주 양육자는 어머니
- 상담센터에서 1학년 때부터 놀이치료, 언어치료를 받고 있음

★ 주요 행동 특징

- 수업 시간에 자주 앞으로 나와서 공책에 도장을 찍어 달라고 하거나, 화장실에 자주 감.
- 글자를 읽을 수 있으나 혼자서 글씨를 쓰면 알아보지 못해서 옆에서 손을 잡아 주면서 글씨를 쓰면 알아볼 수 있음.
- 친구들에게 다가가서 머리나 팔 등을 때리는 경우가 종종 있음.

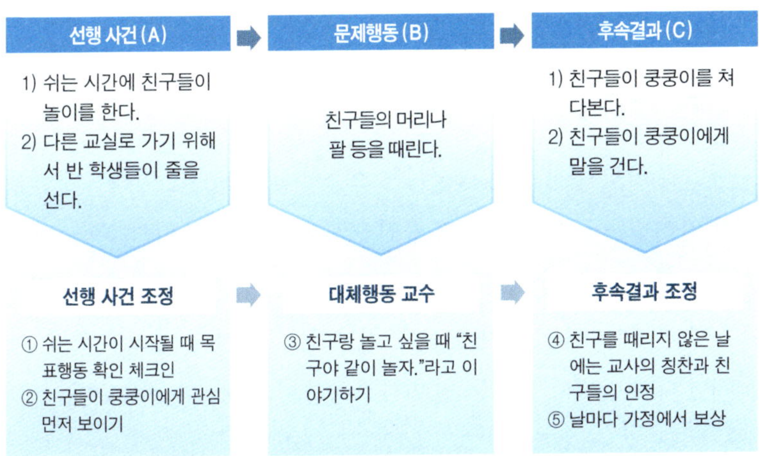

공책에서 수첩까지, 끝나지 않는 배달의 행진

우리 반은 아침마다 전날 집에서 써 온 '바르게 쓰기' 공책을 앞으로 들고 나와 확인받는다. 수첩에 쓴 학생의 글을 보고 도장을 찍어 주며 간단한 이야기와 함께 하루를 시작한다. 매일 하는 일이라서 대부분 반 학생이 밥 먹듯이 자연스럽게 한다. 그런데 조용히 글을 쓰거나 책을 읽는 학생들 사이에서 존재감을 보이는 쿵쿵이가 있다.

"선생님, 배달이요!"

우렁찬 목소리와 함께 들고 오는 것은 '바르게 쓰기' 공책이다. 쿵쿵이의 공책에 도장을 콩 찍으며 잘했다고 칭찬한다. 그리고 잠시 뒤에,

"선생님, 배달이요!"

이번엔 '아침 수첩'이다. 쿵쿵이는 스스로 글을 쓰기는 어려워서 쿵쿵이가 불러주는 문장을 내가 써 주면 쿵쿵이가 그 밑에 따라 쓴다. 쿵쿵이가 수첩에 쓴 글에 이번에도 도장을 콩 찍는다. 하지만 또 잠시 뒤에 익숙한 쿵쿵이의 목소리가 들린다. 쿵쿵이는 알림장을 들고 나왔다. 아침에만 다섯 번에서, 많게는 열 번까지 쿵쿵이의 배달은 계속된다.

40분에 다섯 번: 화장실 가기로 끊어지는 수업과 흐트러지는 집중

수업 중 화장실에 갈 때는 손가락 신호가 있다. 교사를 보며 집게손가락을 세우고 눈이 마주치면 화장실에 갈 수 있다. 그러나 쿵쿵이는 엄지와 집게손가락을 세우며 큰 소리로 "화장실!"이라고 외치고 뛰어나간다. 규칙은 차차 익히면 되지만, 문제는 쿵쿵이가 40분 수업 동안 많을 때는 다섯 번이나 화장실을 간다는 점이다. 그 때문에 교사의 설명이 자주 끊기고, 학생들이 조용히 글을 쓰는 시간에도 집중이 흐트러지곤 한다.

순한 얼굴 뒤에 숨은 폭력

순하고 잘 웃는 얼굴의 쿵쿵이에게는 의외의 모습이 있다. 가만히 있는 친구에게 다가가 어깨나 등을 치거나 다리를 발로 차는 것이다. 처음에는 쿵쿵이가 워낙 순한 학생이라 믿기지 않았지만, 외면한다고 문제가 사라지지는 않았다. 오히려 시간이 지날수록 쿵쿵이의 행동은 심해졌다. 하루에 한두 번이던 폭력이 1~2주가 지나면서 많게는 하루 일곱 번까지 늘어났다. 그 결과 친구들이 쿵쿵이를 피하거나 힘들어 하는 상황이 점점 늘어났다.

1. 학생의 문제행동 이해를 위한 자료 수집 과정

1) ABC 관찰: 때리는 학생이 정말 원했던 것

쿵쿵이가 친구를 때리는 행동에는 뚜렷한 맥락이 없어 보인다. 관찰하는 입장에서는 허탈할 정도다. 선행 상황은 대체로 학생들이 조용히 앉아 있거나 서로 놀거나 수업에 집중하고 있을 때였다. 하지만 후속결과를 살펴보니 숨겨진 맥락이 드러났다. 쿵쿵이가 친구를 때리면 교사와 친구들은 어김없이 다가와 말을 걸고, 하지 말라고 주의를 주며, 사과까지 시켰다. 결국 쿵쿵이는 자신에게 관심이 없는 친구들의 주의를 끌기 위해 때린 것이었다. 선행 사건만으로는 파악되지 않던 동기가 결과를 통해 명확해졌다.

A (선행 사건)	B (문제행동)	C (후속결과)
아침 자습 시간에 친구들이 아침에 쓴 글을 확인받으러 나옴.	쿵쿵이가 도장을 받고 나서도 세 번 더 도장을 받으러 계속 나옴.	교사가 도장을 이미 받았다고 이야기하면서 쿵쿵이를 자리로 돌려보냄.
국어 시간에 반 학생들이 돌아가며 책을 읽음.	쿵쿵이가 화장실을 간다고 다섯 번 앞으로 나옴.	교사는 쿵쿵이를 화장실에 보내 줌.
쉬는 시간에 친구들이 교실에서 팔을 들고 강시 놀이를 하고 놀고 있음.	쿵쿵이가 다가가서 친구들을 손으로 어깨를 때림.	친구가 "왜 때려?"라고 말함.

2) 조작적 정의: 모호한 '문제행동'을 구체적 행동으로

쿵쿵이의 문제행동을 조작적 정의로 다시 정리해 본다. ABC 관찰을 통해 파악한 쿵쿵이의 문제행동은 수업 방해와 파괴 행동이었다.

범주	조작적 정의
수업 방해	아침 시간이나 수업 시간에 한 시간에 세 번 이상 공책을 들고 나와서 도장을 찍어 달라고 함.
수업 방해	40분 수업 시간에 다섯 번 이상 화장실에 가는 수신호를 하고 입으로 "화장실"이라고 말하고 앞문을 열고 화장실에 달려감.
파괴 행동	가만히 있거나 놀고 있는 친구들에게 다가가서 손으로 머리나 등을 치거나 발로 친구들의 다리를 참.

3) 문제행동 패턴 찾기

선행 사건	문제행동	후속결과
1) 친구들이 공책에 확인 도장을 받음. 2) 수업 시간에 쿵쿵이는 수업 참여를 못 한 채 앉아 있음. 3) 친구들이 가만히 있거나 서로 놀고 있음.	1) 공책에 계속 확인받으려고 세 번 이상 나옴. 2) 화장실을 간다고 한 시간에 다섯 번 이상 나옴. 3) 친구들을 때림.	1) 교사는 쿵쿵이에게 말을 하고 돌려보냄. 2) 교사는 쿵쿵이를 화장실로 보냄. 3) 친구들이 쿵쿵이를 쳐다보거나 말함.

2. 행동 중재

1) 목표행동 정하기 : '때리지 않기'에서 '안전하게 지키기'로

쿵쿵이가 보이는 여러 문제행동은 크게 세 가지로 볼 수 있다.

1. 수업 시간에 자리에서 일어나 앞으로 나와서 공책에 도장을 찍어 달라고 한다.
2. 수업 시간에 화장실을 자주 간다.
3. 친구들을 손으로 치거나 발로 찬다.

긍정적 행동지원에서는 문제행동의 동기를 크게 획득(물건이나 관심), 회피(과제나 어려운 상황), 감각 추구로 보는데, 쿵쿵이는 1번과 3번 문제행동이 교사나 친구들의 관심을 받기 위함이었다. 수업 시간에 교과의 내용을 이해하기 어려운 쿵쿵이가 교사와 가장 많은 상호작용을 할 수 있는 시간이 집에서 부모님과 해온 숙제를 확인받는 시간이었다. 그리고

2번 문제행동은 학기 초에는 문제행동의 빈도수가 매우 높았으나, 시간이 지나면서 점차 줄어들고 있었다. 학기 초 낯선 환경에서 수업 시간을 회피하고자 하는 동기에서 비롯된 행동이라고 생각된다.

동기사정척도

구분	감각 놀이	회피	관심 얻기	구체물 얻기
총점	1	5	16	0
관련 순위	3	2	1	4

쿵쿵이의 세 가지 문제행동 중 가장 시급한 것은 친구들을 손이나 발로 때리는 것이다. 이로 인해 친구들이 쿵쿵이를 피하고 부정적으로 인식하게 되며, 이는 앞으로 학교생활에 큰 어려움이 될 수 있다. 이에 따라 쿵쿵이의 목표는 친구를 때리지 않는 것으로 정했다. 긍정적 행동지원 프로세스에서 목표행동은 긍정적이고 달성할 수 있는 형태로 제시해야 하므로, 나는 그 목표를 '친구의 몸을 안전하게 지키기'로 설정했다.

2) 선행 사건 중재

① 희귀병과 코로나가 앗아간 또래 친구들과의 시간

나는 쿵쿵이가 어떤 학생인지 궁금했다. 그래서 상담 주간에 쿵쿵이 어머니와 대면 상담을 진행했다.

"어머니, 쿵쿵이가 정말 귀여워요."

내 말에 어머니는 눈물을 흘리셨다. 그 눈물 속에는 많은 이야기가 담겨 있었다. 어머니는 쿵쿵이의 어린 시절을 들려주셨다. 쿵쿵이는 잔병이 많았고, 특히 중이염을 자주 앓아 병원에 자주 다녔다. 여러 차례 진료와 입원을 거치면서 희귀병이 있다는 사실을 알게 되었고, 한 달에 한 번 수액 주사를 맞지 않으면 건강이 크게 나빠졌다. 어머니는 그 수액을 학생의 '생명줄'이라고 표현하셨다.

쿵쿵이는 어릴 때부터 말과 걷기가 느렸고, 신체 발달도 더뎠다. 유치원을 다닐 무렵에는 코로나 상황이 심각해 면역력이 약한 쿵쿵이는 기관에 가지 못했고, 바깥 활동도 거의 하지 못한 채 집에서 지냈다. 또래 친구들과 어울릴 기회가 거의 없었던 것이다. 그렇게 쿵쿵이는 초등학교에 입학하게 되었다.

나는 어머니께 쿵쿵이가 학교에서 지내는 모습을 알려드리며 앞으로도 자주 연락드리겠다고 말씀드렸다. 그리고 가정과 학교가 힘을 모아 쿵쿵이가 잘 적응하고 성장할 수 있도록 함께 돕자고 했다.

② 쿵쿵이 옆 의자: 협력 선생님이 만든 안정적 수업 환경

우리 학교에는 1, 2학년 학급에 협력 선생님이 함께 수업에 참여한다. 협력 선생님들은 수업 중 담임교사의 손길이 잘 닿지 않는 학생들까지 살뜰하게 살펴본다. 그러니 담임교사의 수업이 안정적으로 흘러간다. 학습이 어려운 친구뿐 아니라 수업을 방해하는 학생이나 파괴 행동을 하는 학생이 있을 때도 협력 선생님은 큰 힘이 된다.

우리 반 협력 선생님의 단짝은 쿵쿵이이다. 나는 아예 쿵쿵이 자리 옆에 의자를 가져다 두고 협력 선생님이 쿵쿵이를 편하게 돌볼 수 있게 했다. 특히 국어, 수학 시간에 협력 선생님의 도움은 큰 힘이 되었다. 그리고 쿵쿵이의 행동을 담임교사 혼자 관찰하기 어려울 때면 쿵쿵이의 행동을 자세하게 기록해 주기도 했다.

③ 쿵쿵이에게 맞는 교육 찾기

쿵쿵이와 두 달간 지내며 간이 검사, ABC 관찰, 동기사정척도 등을 실시하며 학생을 이해하려 했다. 시간이 지나면서 쿵쿵이는 일반학급보다 특수학급에서 지원을 받는 것이 더 적합하다고 느꼈다. 이에 쿵쿵이 어머니께 조심스럽게 종합심리검사와 특수학급에 들어갈 것을 권유했다.

"선생님, 특수학급에 대해 생각해 본 적은 없지만 고민해 보겠습니다."

가슴 졸였던 통화 다음날, 쿵쿵이 어머니는 특수학급 선생님을 만나 특수학급에 들어가겠다고 하셨다. 이후 쿵쿵이는 심의를 거쳐 특수교육대상자로 결정되었다. 특수학급에서는 국어와 수학, 생활지도를 받고, 통합반에서는 교과 수업과 친구들과 어울리는 방법, 학교생활 적응을 배우는 것을 목표로 했다. 쿵쿵이는 특수학급에서 자신에게 맞는 교육을 받을 수 있었고, 나는 특수학급 선생님과 함께 이야기를 나누며 또 다른 지원군을 얻게 되어 든든했다.

④ 쿵쿵이가 우리랑 놀고 싶었던 건 아닐까요?

쿵쿵이는 친구들의 관심을 얻기 위해 친구를 때리곤 한다. 그렇다면 친구를 때리기 전에 관심을 보여 주면 문제가 해결되지 않을까? 하지만 이미 피해를 본 학생들에게 더 큰 배려를 요구하는 것은 무리일 수 있다. 이런 고민이 생길 때 나는 학생들에게 직접 묻는 것이 도움이 된다고 느꼈다. 쿵쿵이가 병원에 가서 결석한 날, 학생들과 이야기를 나누었다.

"얘들아, 쿵쿵이가 힘들게 한 적이 있니?"

"네, 전에 제 머리를 때렸어요."

"제 다리를 발로 찼어요."

"쿵쿵이는 어떤 상황에서 그러던 것 같아?"

"저는 다른 친구랑 놀고 있는데 와서 그냥 때렸어요."

"저는 가만히 있는데 와서 머리를 콩 했어요."

"그렇구나. 쿵쿵이가 때릴 때 너희는 어떻게 했니?"

"저는 하지 말라고 했어요."

"저는 그냥 가만히 있었어요."

"이상하네. 다투지도 않았는데 왜 그랬을까? 너희는 그냥 하고 있던 걸 하고 있었는데."

"…."

"선생님, 쿵쿵이가 혹시 우리랑 놀고 싶었던 건 아닐까요?"

놀랍게도 학생들 스스로 그 답을 말했다. 쿵쿵이가 놀고 싶어 해서 그런 행동을 한다는 걸 학생들이 알아차린 것이다.

"그럼, 쿵쿵이가 놀고 싶어 한다면 우리는 어떻게 해주면 좋을까?"

"같이 놀아요."

"놀자고 해요."

"아마 쿵쿵이가 다가가는 방법을 몰라서 그럴 수도 있어요. 우리가 같이 노는 법을 알려 주면 좋겠어요."

학생들은 쿵쿵이가 함께 놀고 싶어 한다면 기꺼이 함께하겠다고 했다. 물론 언제나 같이 놀고 싶은 것은 아닐 수도 있지만, 학생들의 순수한 마음에 감동을 받았다. 그리고 바로 다음날, 쉬는 시간에 쿵쿵이의 손을 잡고 계단을 내려가는 학생들의 모습을 보았다. 그 순간 깨달았다. 쿵쿵이의 문제는 교사 혼자 고민해서 해결할 수 있는 일이 아니었다. 학생들의 따뜻한 마음이 함께해야 가능한 일이었다.

문제행동이 사라진 뒤 점심시간에 친구들과 산책 중인 쿵쿵이

⑤ 아침 체크인으로 바꾼 올바른 행동 기억하기

아침마다 앞에 나와서 공책에 도장을 받는 것을 좋아하는(너무 좋아해서 계속 공책을 들고 나오는) 쿵쿵이를 보면서 이때 학교생활에서 해야 할 일을 약속하면 좋겠다고 생각했다. 쿵쿵이의 행동 문제에 거꾸로 접근해서 내가 쿵쿵이가 해야 하는 올바른 행동을 다시 기억하게 하는 체크인 시간으로 활용했다. 가정에서도 어머니께 학교 가기 전에 쿵쿵이가 친구들을 때리지 말자고 약속해 달라고 부탁드렸다.

3) 대체행동 교수

① 몸으로 말하던 학생이 '같이 놀자'라는 말을 배우기까지

쿵쿵이의 문제행동은 '관심 얻기'에서 비롯되었다. 문제는 그가 관심을 얻기 위해 다른 사람의 몸을 건드린다는 점이었다. 이러한 행동을 줄이기 위해서는 쿵쿵이가 다른 사람과 올바르게 상호작용하는 방법을 배우는 것이 필요했다. 그래서 교사는 쿵쿵이에게 "친구야, 나랑 같이 놀자."라는 말을 연습하게 했다. 이 대체행동은 교사와 함께 연습한 뒤, 실제 놀이 상황 속에서 친구들과도 계속 시도해 보았다. 친구들 주변을 맴돌기만 하던 쿵쿵이가 교사의 도움을 받아 직접 말을 건네는 연습을 할 수 있었고, 미리 함께 나눈 약속 덕분에 친구들은 쿵쿵이의 제안에 반응하며 손을 내밀어 주었다.

쿵쿵이는 또래와 상호작용이 원활하지 않아 함께 놀기보다는 옆에서 지켜보거나, 놀이에 잠시 참여했다가 소통이 이어지지 않아 혼자 노는 경우가 많았다. 하지만 친구들이 쿵쿵이를 바라보며 말을 걸면 쿵쿵이는 웃음을 보였다. 쿵쿵이의 대체행동을 가르치는 과정에서 무엇보다

중요한 것은 친구들의 협조였다. 쿵쿵이가 "같이 놀자."고 말했을 때 응답해 주는 친구들이 있었기에 쿵쿵이는 새로운 행동을 배울 수 있었다.

② 때리는 손에서 전등 끄는 손으로

쿵쿵이의 친구를 때리는 행동을 줄여야 하는 이유는 두 가지이다. 하나는 친구들의 안전을 지키는 것이고, 다른 하나는 또래 관계 형성을 돕기 위함이다. 쿵쿵이는 이제 친구와 어울리며 긍정적인 관계를 배워야 하는 시기에 있다. 그러나 갈등 상황이 반복되면 친구들이 쿵쿵이에 대해 부정적인 감정을 갖게 되고, 이는 또래 관계 형성에 어려움을 줄 수 있다. 쿵쿵이가 친구의 관심을 얻고자 했던 행동이 오히려 부정적인 반응으로 이어지는 악순환을 끊을 필요가 있었다.

쿵쿵이와 함께 놀기로 이야기를 나눈 뒤 쿵쿵이와 함께 노는 친구들

관점을 바꾸어 쿵쿵이의 긍정적인 모습을 찾아보기로 했다. 관찰 중 쿵쿵이가 팔을 번갈아들며 "우가, 우가"라고 말하는 행동을 보였다. 이는 귀엽고 재미있게 느껴졌고, 교사가 웃으며 긍정적인 반응을 보이자

학생들도 함께 웃으며 관심을 보였다. 쿵쿵이는 친구들의 반응을 확인하며 그 행동을 반복했고, 친구를 때리지 않아도 관심을 얻을 수 있다는 경험을 하게 되었다.

또한 쿵쿵이는 전등 끄기를 좋아했다. 이를 단순 반복 행동으로 보기보다는 학급 활동에 연결했다. 교실을 나설 때마다 전등을 끄는 '에너지 지킴이' 역할을 맡기자, 쿵쿵이는 즐겁게 책임을 다하는 모습을 보였다. 이는 쿵쿵이가 좋아하는 행동을 긍정적인 방향으로 활용할 수 있는 기회가 되었고, 동시에 학급 전체가 에너지를 절약하는 효과도 얻을 수 있었다.

4) 후속결과 중재: '행동 약속 일일 점검표'의 놀라운 효과

쿵쿵이의 행동 문제를 줄이는 데 가장 큰 효과가 있었던 것은 '행동 약속 일일 점검표'였다. 부모님과 상담 후, 매일 쿵쿵이의 행동을 점검하고 보상하기로 했다. 목표행동은 '친구의 몸을 안전하게 지키기'였다. 이를 설명할 때는 친구를 소중히 여기고, 때리지 않겠다는 약속으로 구체화했다. 점수는 친구를 전혀 때리지 않으면 3점, 한 번 때리면 2점, 두 번 이상이면 1점으로 정했다. 하루 종일 3점을 유지하고 일주일 동안 이어지면 쿵쿵이가 좋아하는 '한글용사 아이야'를 볼 수 있도록 했다.

아침에 등교하면 점검표로 약속을 확인하고, 교사는 쿵쿵이의 행동을 시간마다 기록했다. 처음에는 시간마다 적었지만, 이후에는 수첩에 간단히 기록해 두었다가 알림장 확인 시간에 점검표와 함께 작성했다.

목표행동을 잘 지킨 날에는 칭찬과 하이파이브를 해주었고, 하교 후에는 부모님께서 서명하며 함께 관심을 이어갔다. 이 과정을 통해 가정과도 자연스럽게 소통이 늘어났다.

3. 중재 후 변화 모습

쿵쿵이가 친구를 때리지 않은 날도 있었지만, 일주일 내내 지킨 적은 없었다. 그래서 보상으로 좋아하는 영상을 볼 수 없었고, 노력은 하지만 보상을 받지 못하는 상황이 반복되었다. 이렇게는 행동 개선이 어렵다고 판단했다. 관찰해 보니 쿵쿵이는 때로는 친구를 때리지 않고 잘 지내는 날도 있었다. 이에 보상 방식을 바꾸어, 날마다 목표행동을 지키면 즉각적으로 보상을 주기로 했다. 부모님과 상의 후, 날마다 성공할 때마다 짧게 영상을 보는 것으로 정했다.

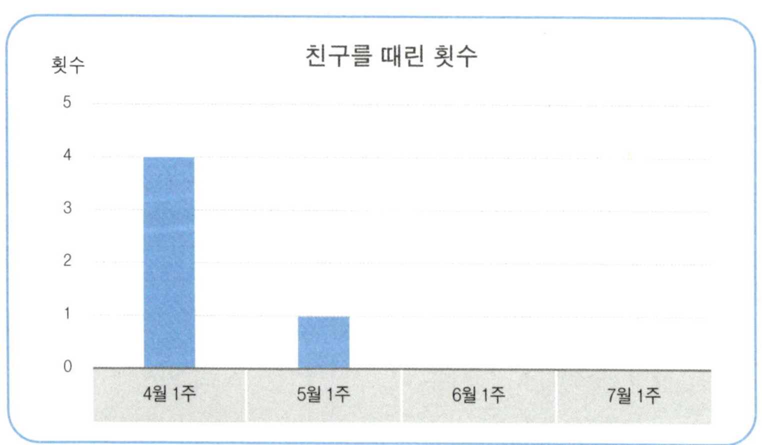

날마다 보상을 받게 된 뒤, 쿵쿵이는 목표행동을 더 잘 지켰다. 일주일을 기다리기보다는 하루하루 보상을 받는 방식이 효과적이었다. 쿵쿵이는 점검표 확인에도 적극적으로 임했고, 쉬는 시간이나 수업 시간에도 점검표를 늘 가지고 다녔다. 보상이 쿵쿵이에게 매력적이었고, 경험을 통해 목표행동을 유지해야 보상을 받을 수 있음을 분명히 알게 되었다. 점검표를 스스로 잘 챙기면서 교사의 부담도 줄어들어 행동지원 과정이 더욱 원활하게 진행되었다.

교 사: 어머니, 쿵쿵이가 요즘에 친구들을 손으로 때리거나 발로 차는 게 많이 줄었어요. 짝꿍 말로는 오늘 협력 선생님께 발이 살짝 나가기는 했다고 하던데요. 협력 선생님께서 3점을 적어 주셔서 오늘은 모두 3점을 받았습니다. 도장도 받았습니다. 쿵쿵이가 점검표 종이를 가져오는 걸 잘해요. 어제 '아이야' 봤다고 하던데 이 점수를 잘 받으면 '아이야' 보는 것을 확실히 알게 된 것 같아요. 계속 가정에서 일관되게 보상해 주시면 친구 몸을 지켜주는 목표가 잘 지켜질 것 같아요. 가정에서 잘 협력해 주셔서 고맙습니다.

어머니: 여러 가지로 선생님과 협력 선생님께 감사합니다.

교 사: 안녕하세요, 어머니! 어제는 쿵쿵이가 2점이 하나 있었지요. 그래도 친구를 때리는 행동은 전체적으로 많이 안정되어 가는 모습입니다. 친구들도 쿵쿵이가 변하고 있다고 이야기하더라고요.

어머니: 너무 애써 주시는 마음 감사합니다.

때리는 학생 쿵쿵이가 변한 이유, 칭찬과 관심

친구를 매일 때리는 학생은 처음이었기에 문제 해결이 가능할지 많은 고민이 있었다. 긍정적 행동지원을 만나지 못했다면 단순히 '때리지 말라'는 지시만 반복했을 것이고, 이는 오히려 문제행동을 강화했을 가능성이 높다. 긍정적 행동지원의 가장 큰 장점은 학생의 행동을 관찰하고, 그 동기를 파악해 문제 해결의 실마리를 찾게 한다는 것이다. 병을 치료하기 위해 원인을 알아야 하듯, 문제행동도 동기를 알아야 멈출 수 있다.

쿵쿵이의 경우 문제행동의 동기가 '관심'이라는 점을 알게 되면서 구체적인 계획을 세울 수 있었다. 쿵쿵이가 문제행동을 하기 전에 친구들이 긍정적인 관심을 줄 수 있도록 했고, 장점을 살려 또래와 자연스럽게 연결되도록 도왔다. 또한 '행동 약속 일일 점검표'를 사용해 목표행동을 기록하고, 학교와 가정에서 함께 확인하며 칭찬으로 강화했다. 점검표는 교사와 보호자 간의 중요한 소통 도구가 되었다.

행동지원 프로세스는 외적 보상만으로 행동을 조정한다고 오해할 수 있다. 그러나 실제로는 보상이 학생이 바른 행동으로 나아가는 징검다리가 된다. 무엇보다 교사가 학생의 행동을 관심 있게 지켜보고, 대화하며 칭찬하는 과정 자체가 큰 힘을 발휘한다. 대부분의 문제행동 학생은 학교에서 칭찬을 받을 기회가 드물다. 그러나 작은 목표를 세우고 이를 지킬 때 학교와 가정에서 동시에 칭찬과 관심, 외적 보상이 주어지면 이는 행동 변화의 강력한 동력이 된다. 교사도 시스템을 활용해 꾸준히 기록하고 강화할 수 있어 효과적이다.

학교 현장에서 힘들어 하는 학생들과 교사들이 많다. 긍정적 행동지원은 그런 상황 속에서 서로에게 큰 도움이 되는 길잡이가 될 수 있다.

나눔 질문

1. 친구를 자주 때리는 학생은 교사에게 큰 고민입니다. 교실 속 쿵쿵이들은 왜 폭력을 선택할까요? 동기는 무엇일까요?

2. 학부모는 학생 교육의 동반자이지만, 일부 학부모로 인해 교사에게 두려움의 대상이 된 것이 현실입니다. 학부모와 신뢰를 쌓는 방법을 함께 나누어 볼까요?

3. 한 학생으로 인해 학급의 전체 분위기가 달라지기도 합니다. 힘든 학생을 만나면 수업이 흐려지고 학생들이 힘들어 하지만, 반대로 한 학생을 돕는 기회가 될 수도 있습니다. 친구를 위해 반 학생들이 함께할 수 있는 방법에는 무엇이 있을까요?

제9장

끊임없이 "나 좀 봐줘"라고 외치는, 관심이

관심이에 대한 정보

★ 관심이는

- 초등학교 4학년 여자
- 할머니가 주양육자이고 아버지와 가끔 만남.
- 주 1회 미술치료

★ 주요 행동 특징

- 수업 시간 일대일 과외하듯이 매번 손 들고 질문함.
- 친구들이 피하는데도 따라가서 계속 말 걸고 심해지면 욕이나 패드립을 함.
- 힘이 약한 학생이나 동생들에게 욕을 하거나 겁박하여 물건을 사달라고 함.

관심이 행동 중재 과정

목표행동

1) 말을 우기지 않고 "응 알았어"라고 말한다.
2) 매 수업 시간 3회까지 발표 또는 질문할 수 있다.

선행 사건(A)	문제행동(B)	후속결과(C)
1) 쉬는 시간이나 점심 시간 2) 심심할 때	1) 친구를 뒤에서 껴안고 달라붙고 쫓아다님. 2) 친구가 피하는데도 따라가 계속 말 걸고 심해지면 욕함. (관심 끌기)	1) 학생들은 교사에게 이르러 옴. 2) 교사는 관심이에게 주의를 주거나 성찰문을 쓰게 함.

선행 사건 조정	대체행동 교수	후속결과 조정
① 학급 차원에서 매트릭스 올리기(학생의 문제행동을 학급 규칙으로 넣기) ② 체크인 ③ 차별 강화 ④ 또래 멘토링 활용 ⑤ 주 3회 방과 후 학교 활동	⑥ 비밀 신호 사용(숨을 구멍 제공) ⑦ 사회성 기술 훈련 (회복적 대화모임, 정서 보충 시간)	⑧ 행동 약속 일일 점검 체크리스트

일대일 수업처럼 주도하려는 학생과 곤란한 교사

"책 읽어 볼 사람?"

내 말이 끝나자마자 학생은 허리까지 들썩이며 손을 번쩍 들었다. 발표 기회를 주자 글을 읽고 나서도 대화의 중심에 서려 했다.

"이 글에서 인물은 어떤 마음이었을까요?"

질문에 학생은 불쑥 끼어들었다.

"물건을 잃어버려서 속상하고 친구가 의심되었을 것 같아요."

학생의 반응은 언제나 가장 빠르고 가장 컸다. 과도한 참여와 개입은 다른 학생들을 불편하게 만들었고, 때로는 수업 흐름을 끊었다. 나와 일대일 수업을 하듯 분위기를 주도하려는 모습은 학급 전체의 문제로 여겨졌다. 매시간 발언이 많고 늘 손을 드는 행동 때문에 나는 곤란했다.

소속되고 싶은 마음의 역설

"내 물건에 손대지 말라고."

"내가 언제 만졌어?"

"XX, 맞짱 뜰래?"

친구들과 실랑이가 벌어지면 그는 늘 거친 말로 상황을 더 악화시켰다. 친구가 자리를 피하면 화장실까지 쫓아가 말을 이어갔고, 쉬는 시간마다 공격적인 언어로 학생들을 울게 했다. 특히 만만하게 여기는 친구에게는 집착하듯 달라붙었다. 갑자기 뒤에서 껴안거나 팔에 매달려 떨어지지 않았고, 친구가 힘들다고 해도 소용없었다. 모둠 활동에서는 자기주장만 고집하다 아무것도 이루지 못하곤 했다. 이런 행동은 1학년 때부터 계속되어 결국 학급 전체의 비호감이 되었다. 적극적이고 당찬 성격이 장점이었지만, 지나침으로써 오히려 사람들을 지치게 만들었다.

교실 밖 괴롭힘과 외면하는 보호자 사이에서

교무실로 학부모 민원 전화가 왔다. 순간 가슴이 철렁 내려앉았다. 곧 학생의 어머니가 다소 격앙된 모습으로 찾아왔다. 해당 학생은 관심이보다 한 학년 어렸고, 같은 방과 후 교실에 다녔다.

수업이 끝난 뒤 귀가하려던 학생을 관심이가 운동장에서 놀자며 붙잡았다. 학생이 학원에 늦지 않으려 서둘러 떠나자, 관심이는 따라붙었고 교문 밖까지 쫓아가 문방구에서 물건을 사 달라며 졸랐다. 학생이 도망치려 하자 욕설과 협박까지 했다. 다행히 지나가던 어른이 나서서 상황을 막았지만, 어머니는 학생이 불안해 한다며 방과 후 수업을 끊겠다고 하셨다. 떠나시며 "다음에도 이런 일이 있으면 그냥 넘어가지 않겠다."는 단호한 말까지 남기셨다.

사실 관심이는 이미 작년부터 문제행동으로 학교에 알려진 학생이었다. 동생들을 협박하거나 물건을 빼앗아 학부모 민원이 이어졌고, 동네에서도 또래 학생들에게 심부름을 시키거나 겁을 주곤 했다.

나는 결국 할머니께 전화를 드렸다. 그러나 돌아온 대답은 늘 같았다.

"내가 아무리 말해도 애가 안 들어요. 밖에서만 그래요. 집에서는 잘 듣고 공부도 잘하는데…. 요즘 엄마들이 너무 예민한 거예요. 선생님이 좀 잘 봐주세요."

그 말투는 학부모들의 걱정을 대수롭지 않게 여기는 듯했다.

1. 학생의 문제행동 이해를 위한 자료 수집

1) ABC 관찰: 기록으로 읽어 낸 관심이의 신호

나는 관심이를 이해하기 위해 ABC로 행동을 관찰 기록하였다. 2~3주 정도 기록하니 주로 문제 되는 관심이의 행동들과 사전에 무슨 일이 있었는지, 문제행동 이후에 주변 반응들은 어떠했는지 보다 선명하게 읽혔다.

날짜	선행 사건	문제행동	후속결과
4.2	1교시 수학 시간 내가 설명할 때 관심이가 끼어들어 계속 묻는다.	자가 없는대요? 어떻게 해요?	선생님 설명이 끝나고 질문하라고 함.
	조금 후	답도 써야 하나요?	무시함. 쉬는 시간 불러서 그런 질문은 짝한테 물어보라고 함.
4.5	점심시간 관심이가 영식이 옆 통로 쪽으로 다가와서 책상에 있는 물건을 만졌다. 영식이는 물건을 뺏으며 저리 가라고 소리쳤다.	관심이는 "xx, 눈을 어디다 두고 다니냐, 맞짱 뜰래?"하고 소리쳤다.	나는 관심이를 연구실로 데려와 주의를 주었다.
4.8	영어 시간 관심이 앞자리에 앉은 철수와 민수가 속닥거렸다.	관심이는 연필을 들고 철수 등을 콕콕 찔렀다.	영어 선생님은 관심이를 교실로 보냈고 나는 성찰문을 쓰게 했다.
4.9	3교시 쉬는 시간 관심이는 은주 자리로 가서	뒤에서 은주를 껴안고 매달렸다. 은주가 피해서 다른 곳에 가면 또 쫓아왔다.	나는 관심이에게 몸으로 놀지 말라고 주의를 주고 관심이를 지켜보았다.
4.20	3교시 국어 시간 모둠에서 역할극 연습을 함. 학생들이 서로 역할을 정하는데 민정이는 관심이에게 다른 역할을 하라고 함.	관심이는 정태 역할을 하겠다고 계속 고집부림.	남자 둘은 관심이가 정태 역할을 하면 안 하겠다고 서로 티격태격함.
		관심이는 역할극 안 할 거라고 화를 내며 소리 지름.	학생들은 시큰둥한 표정을 지으며 흩어졌고 연습을 안 함.

2) 문제행동의 조작적 정의

관심이의 문제행동은 다음과 같이 범주화하여 정의할 수 있었다.

범주	조작적 정의
과도한 집착	- 친구를 뒤에서 껴안고 달라붙고 쫓아다님. - 친구들이 피하는데도 따라가서 계속 말 걸고 심해지면 욕설함. - 모둠활동 시 계속 나서고 뜻을 굽히지 않음.
매번 손들기	- 수업 매시간 거의 모든 질문에 손 들고 질문이 많음. - 수업 시간 과도하게 참여하여 학생들의 눈살을 찌푸리게 하기도 함.
겁박	- 힘이 약한 학생이나 동생들에게 욕설이나 겁박하여 물건을 사달라고 함. - 자기가 원하는 대로 해달라고 하면서 동생들을 조종하기도 함.

3) 문제행동의 패턴: 외로움을 몰라주는 교실, 관심이의 SOS

관심이의 '과도한 집착'은 주로 쉬는 시간이나 점심시간, 심심할 때 나타났다. 힘이 약한 학생들에게 달라붙어 껴안거나 따라다녔고, 다른 학생들과는 말꼬리를 잡으며 이기려 들다가 심하면 욕설과 막말까지 했다. 결국 학생들은 나를 찾아와 호소했고, 나는 관심이에게 주의를 주거나 성찰문을 쓰게 했다.

관심이는 친구들과 어울리고 싶어 하는 욕구가 컸다. 수업 시간마다 손을 들고 끼어드는 행동 역시 자신을 드러내고 싶어서였다. 결국 친구의 관심을 끌고 싶은 욕구가 문제행동으로 나타난 것이다.

선행 사건		문제행동		후속결과
쉬는 시간이나 점심시간 심심할 때	➡	친구를 뒤에서 껴안고 달라붙고 쫓아다님. 친구들이 피하는데도 따라가서 계속 말 걸고 심해지면 욕이나 패드립을 함. (관심 끌기)	➡	학생들은 교사에게 이르러 옴. 교사는 관심이에게 주의를 주거나 성찰문을 쓰게 함.

2. 행동 중재 과정

1) 목표행동 세우기: '응, 알았어.'와 세 번의 기회

관심이의 여러 문제 중 가장 시급한 것은 '동생 협박'이었다. 이는 자칫 학교폭력으로 번질 수 있는 위험한 행동이었다. 그러나 교실 안에서도 수업 방해와 관계 갈등이 매일 빈번하게 발생했다.

이에 관심이와 상의해 우선 두 가지 목표를 정했다. 첫째, 말을 우기지 않고 "응, 알았어."라고 대답하기. 둘째, 매 수업 시간 발표나 질문을 세 번까지만 하기. 다만 할머니의 협조를 얻기 어려워 가정과의 연계는 이루지 못했다.

날짜	타깃 문제행동	목표행동
4.10	집착 매번 손들기	1) 친구의 말을 충분히 듣고 우기지 않고 "응 알았어."라고 말한다. 2) 매 수업 시간 3회까지 발표 또는 질문할 수 있다.

2) 선행 사건 조정: 관심이의 180도 변화 프로젝트

① 규칙이 습관이 되는 구조화된 학급 운영

나는 학생들과 함께 5가지 규칙을 정했다. 하교 후 규칙을 포함한 것도 관심이의 문제행동 때문이었다. 매일 아침 규칙을 돌아가며 읽고, '오늘 우리 반 날씨'를 체크하며 당부사항을 나눴다. 쉬는 시간에 소음이 커지면 규칙을 상기시켰고, 수업이 끝날 때는 지킨 여부를 주간학습 안내에 기록하게 했다. 전체 학생의 2/3 이상이 규칙을 지키면 학급 온

도계를 1도씩 올려 40·60·80·100도에 도달하면 보상을 주었다. 보상은 학생들이 토론으로 정했고, 과정 자체가 우리 반의 작은 행사였다.

이런 '규칙의 교수-점검-강화' 시스템은 학급을 안정적이고 구조화된 공간으로 만들었다. 몇 주, 몇 달이 지나면서 규칙은 자연스럽게 습관이 되었고, 어려움이 생겨도 빠르게 안정시킬 수 있었다.

온도계가 100도에 이르자 학생들은 새로운 규칙을 정했는데, 그중 하나가 "잘못한 일은 인정한다."였다. 관심이와 잦은 갈등이 규칙으로 구체화된 것이다. 직접적인 지적 대신 학급 차원에서 문제를 다룰 수 있었고, 관심이는 규칙을 의식하며 행동에 변화를 보였다. 그의 문제행동은 거의 매달 새로운 규칙으로 반영되었다.

② 학생의 하루를 여는 체크인

관심이는 터벅터벅 들어와 자리에 앉았다. 표정에는 불편한 기색이 묻어났다.

"오늘 상태는 어때?"

"피곤해요. 할머니가 학원 가라고 혼냈어요. 영어, 수학 숙제도 많고…. 공부하기 싫어요."

"많이 힘들구나. 하지만 선생님이 보기엔 넌 공부 잘하고 있어."

"제가요?"

"그래. 하지만 선생님이 걱정하는 건 다른 부분이야, 그렇지?"

"… 네."

"오늘 목표는 뭐였지?"

"말을 우기지 않고 '응, 알았어.'라고 말하기. 그리고 수업 시간에 3번 발표하기요."

"좋아. 오늘도 잘 해보자. 파이팅!"

나는 하루를 이렇게 학생과 목표행동을 확인하는 '체크인'으로 시작했다. 학생의 감정 상태는 곧 우리 반 분위기를 좌우했기에, 전날 무슨 일이 있었는지 살피는 것이 중요했다. 일주일에 한 번 스치듯 만나는 아빠가 전부인 학생에게는 든든한 버팀목이 없었다. 그런 사정을 알면 문제행동만 탓하며 야단칠 수 없었다. 부모에게도, 친구에게도 기대지 못하는 학생의 흔들리는 눈빛은 안쓰러웠다. 문제를 키우지 않으려면 먼저 상황을 진단하는 것, 그것이 곧 문제행동을 막는 가장 빠른 길이었다.

③ 차별 강화의 마법

수업 초반에는 학생에게 먼저 발표 기회를 주어 친구들 앞에서 뽐낼 수 있게 했다. 하지만 수업이 중반을 넘어서자 상황이 달라졌다.

"사람들이 중심지에 많이 모이는 까닭은 무엇일까요?"

질문이 끝나자마자 학생이 손을 번쩍 들었다. 나는 다른 학생을 지목했지만, 관심이는 아랑곳하지 않고 계속 손을 들고 있었다. 일부러 시선을 피하고 서너 명의 학생에게 더 기회를 줬지만, 약속과 달리 매번 손을 드는 습관은 여전했다. 말은 하지 않았지만 표정에는 짜증이 가득했다.

이때 나는 긍정적 행동지원에서 배운 '차별 강화'를 실천하고 있었다.

차별 강화란 감당할 만한 문제행동은 무시하고, 바람직한 행동을 했을 때 그 순간을 칭찬하는 방법이다. 그래서 수업 중에는 일정한 발표 기회를 준 뒤에는 '계획된 무시'로 대응했다. 대신 과제를 차분히 하거나 규칙을 지키려는 모습을 보이면 바로 칭찬했다. 발표하지 못해 풀이 죽어 있을 때는 쉬는 시간에 불러 "수업 시간에 약속 잘 지키더라. 아주 잘했어!"라고 안심시켜 주었다.

"에너지는 관심을 따라 흐른다."는 말이 있다. 문제행동 때마다 야단을 치면 결국 그 행동에 관심을 쏟는 것이 되고, 학생은 더 집착하게 된다. 반대로 문제행동을 무시하고 긍정적인 행동에만 주목하면, 그것이 학생에게 마법처럼 작용한다. 학생은 차츰 좋은 행동으로 관심을 받으려 노력하게 된다. 그래서 나는 다른 학생들을 먼저 칭찬하며 "우리 반 친구들 정말 잘 기다리네."라고 말했고, 마침내 관심이가 규칙을 지켰을 때는 "우리 관심이도 발표 규칙 잘 지키고 있네!"라며 모두가 들을 수 있도록 크게 칭찬해 주었다.

④ 또래 멘토 서클: 상처받은 학생을 품은 교실 공동체

나는 관심이가 또래와 건강한 관계를 맺을 수 있도록 '또래 멘토 서클'을 계획했다. 격주 금요일 하교 후 10~30분 동안 열었으며, 학생들은 원을 이루고 앉아 솔직한 대화를 나누고 놀이와 간식을 함께했다.

"관심이가 친구들과 잘 지내려면 어떤 점을 바꾸면 좋을까?"
"말할 때 자꾸 끼어들고 자기주장만 하니까 싫어. 안 그랬으면 해."

관심이는 고개를 숙인 채 들었다.

"체육시간 모둠별 무용 안무를 짤 때 네가 이것도, 저것도 안 한다고 삐쳐서 수행평가를 못 봤어. 정말 속상했어. 친구들 결정은 좀 존중했으면 해."

"근데 너희도 내 말 무시하잖아."

"그래도 빨리해야 평가를 보는데, 네 고집 때문에 결국 못 했잖아."

"알았어…. 미안해."

학생들의 대화가 거칠어지지 않도록 나는 가끔 중재했다.

"사람마다 장점과 단점이 있지? 이번엔 관심이의 장점을 말해 볼까?"

"발표를 잘하고 수학도 잘해요."

"연필을 잘 빌려줘요."

"말을 잘해서 변호사 하면 잘할 것 같아요."

교실에 웃음이 퍼졌다. 잠시 전화를 받으러 나갔다 돌아와 보니, 관심이는 눈물을 흘리고 있었고 교실은 숙연한 분위기였다. "선생님 나가 있을 때?" 묻자 학생들이 고개를 끄덕였다. 나는 이유를 묻지 않고 관심이를 안아주었다. 관심이는 서클을 무척 좋아했다. 주 초부터 "이번 주 서클 해요?"라며 여러 번 물었고, 학생들은 진지하게 속마음을 털어놓았다. 관심이도 친구 이야기에 귀 기울이며 조금씩 공감의 의미를 배워 갔다.

서클의 기원은 원주민 부족의 전통에서 비롯되었다. 잘못한 사람을 비판하기보다, 태어났을 때 불러 주던 노래를 함께 불러 주며 그가 '존재 자체로 소중하다.'는 것을 확인시켜 주는 방식이었다. 작은 실천이지만 이 경험은 관심이를 조금씩 성장시켰다. 학령기의 또래 관계는 부모 관계만큼 중요하다. 관심이처럼 문제행동이 많은 학생들은 갈등으로 사회성을 키우기가 어렵다. 이때 또래 멘토와 학급이 방어막이 되어 중간에서 관계를 지지해 주는 일은 무엇보다 값진 일이다.

⑤ 방과 후 방황하는 학생, 학교가 품다

관심이는 하교 후에도 학교 운동장이나 주변을 떠돌며 문제행동의 위험에 늘 노출돼 있었다. 나는 할머니께 관리를 부탁했지만 기대하기 어려웠다. 그래서 복지사 선생님과 상의해 학교에 남을 수 있는 방법을 마련했다. 주 1회 봉사동아리, 주 1회 미술 상담을 진행했고, 나는 교과 보충 대신 정서 보충 수업을 맡았다. 이로써 관심이는 주 3회 학교에 남게 되었다.

관심이는 아침 캠페인과 외부 활동에도 참여했고, 학교 행사에도 적극적으로 나섰다. 2학기에는 전교 부회장 선거에 도전하기도 했지만 입후보 명단에는 오르지 못했다. 그럼에도 이런 경험은 적극적이고 진취적인 관심이의 성향에 잘 맞았다. 넘치는 에너지를 긍정적으로 풀어낼 수 있는 기회가 된 것이다.

3) 대체행동 교수: '친구 없어."라는 외침 뒤에 숨은 진짜 마음

① 학생에게 필요한 '숨구멍'

체육 시간에 피구를 하던 중이었다.

"나 안 맞았어!"

"네가 맞았잖아. 왜 안 나가? 나가!"

"안 맞았다고, 스친 거야!"

상대 팀 주장인 승호와 관심이가 언성을 높였고, 다른 학생들도 나가라고 웅성거렸다. 나는 상황을 중재하고 경기를 다시 이어갔다. 하지만 우리 반에는 관심이를 달가워하지 않는 학생들이 많았고, 승호도 그중 한 명이었다.

다음 수업은 모둠 활동 시간이었다. 승호와 관심이가 같은 모둠이어서 불안한 기운이 감돌았다.

"또 자기가 안 했대. 맨날 거짓말이야."

"네가 뭘 알아! 무식하게…."

학생들 갈등은 단순하지 않다. 재작년부터 쌓인 불만이 이번 체육 시간까지 이어진 것이다. 큰 소리가 나지 않아 지켜보던 중, 관심이가 힘들다는 수신호를 보냈다. 나는 고개를 끄덕였고, 관심이는 복지실로 향했다.

학생들의 문제행동은 쉽게 바뀌지 않는다. 수업을 방해하지 않으면서 남에게 피해를 주지 않고 마음을 가라앉힐 수 있는 대안 행동이 필요하다. 학생의 상태를 인정하고 '숨구멍' 같은 선택지를 마련해 주는 것이 중요하다.

② '친구 없어.'에서 시작한 오해와 회복적 대화의 힘

관심이는 지수에게 고민을 털어놓았다.

"나는 친구가 없어."

"내가 친구잖아."

그런데 관심이는 이를 '친구 아니잖아.'로 잘못 알아듣고 지수를 실내화 주머니로 때렸다. 지수도 같은 방식으로 맞받아쳤고, 일은 학원까지 이어졌다. 관심이는 지수의 학원까지 찾아가 덤벼들었고, 학원 선생님이 말려 돌려보냈다. 결국 다음날 두 학생은 크게 다퉜고, 나는 갈등 중재에 나섰다.

"이 일로 인해 네 마음은 어땠어? 무엇을 알아주길 바라니?"

"그 행동을 했을 때 네가 진정으로 원했던 것은 뭐니?"

짧은 질문이었지만 효과는 컸다. 관심이는 미안하다고 사과했고, 지수는 그 말에 고맙다고 답했다. 나는 이런 방식으로 싸움이 생길 때마다 서로의 감정과 욕구를 확인하게 하는 회복적 대화 모임을 열었다. 공감 능력이 부족한 관심이에게 꼭 필요한 사회성 훈련의 시간이 되었다.

4) 후속결과 조정

① 행동 약속 체크리스트: 고양이 인형까지 180점

나는 관심이와 행동 약속 체크리스트를 실시하였다. 목표행동을 매 시간 다 지키면 2점, 보통이면 1점, 지키지 않으면 0점이었다. 동생들 협박하는 일이 생기면 3점 점수를 잃는 특권 박탈도 넣었다. 180점 되면 보상으로 고양이 인형을 받기로 했다. 관심이는 하교 후 친구들이 다 가기를 기다린 다음 나와 체크아웃을 했다.

"오늘 1교시는?"

"친구와 싸우지 않았으니 2점이에요."

"2교시는?"

"2점."

"3교시는"

"2점"

"아닌데. 국어 시간 잘 생각해 봐"

"민지와 좀 싸웠어요. 1점."

"오늘 9점. 총 96점이네. 금방 보상받겠네. 내일도 잘 해보자."

목표행동인 '수업 중 3회 발표'에 대해서는 내가 일일이 세어 관리할 수 없었다. 그래서 적당한 선에서 2점을 주었고, 점수는 주로 친구와의 다툼 여부에 따라 결정했다. 체크아웃은 1~2분이면 끝났고, 큰 사건이 있을 때만 상담을 했다. 첫 번째 체크리스트를 마치자 관심이는 고양이 인형을 받았다. 할머니는 기록을 보시며 고마워했고, 학생이 한결 부드러워졌다며 기뻐하셨다.

두 번째 체크리스트는 가정과 협력해 진행했다. 목표행동은 "말을 우기지 않고 '응, 알았어.'라고 말한다."와 "모둠 내에서 친구 의견을 따른다."였다. 여전히 모둠 내 갈등은 있었고, 관심이는 자기주장을 시작하면 상대가 지기 전까지 집요하게 이어가려 했다.

하지만 경쟁심이 강한 학생답게 점수 쌓기를 좋아했고, 대부분 9~10점을 받았다. 다툼이 완전히 사라진 것은 아니었지만 의도적으로 점수를 후하게 주며 칭찬의 기회로 삼았다. 목소리가 커질 때면 내가 다가가 제지했는데, 2학기에 들어서는 눈빛이나 이름만 불러도 행동을 멈추었다.

흥미롭게도 3~4월에 3~4회 있었던 학부모 민원은 5~6월에 2차례로 줄더니 2학기에는 사라졌다. '동생 겁박' 같은 심각한 문제를 직접 다루지는 않았지만, 학교에서 에너지를 해소하고 사회성을 기르면서 문제 행동이 점차 줄어든 것이다. '매번 손들기' 역시 여전히 불쑥 질문을 던지곤 했지만, 내가 대꾸하지 않아도 기다릴 수 있을 만큼 안정되었다.

목표행동 변화 과정

날짜	표적행동	목표행동
4.26	집착 수업 방해	1) 말을 우기지 않고 "응 알았어."라고 말한다. 2) 수업 1시간에 3회까지 발표, 질문한다.
5.30	집착	1) 모둠 내에서 친구들의 의견을 따른다. 2) 말을 우기지 않고 "응 알았어."라고 말한다.

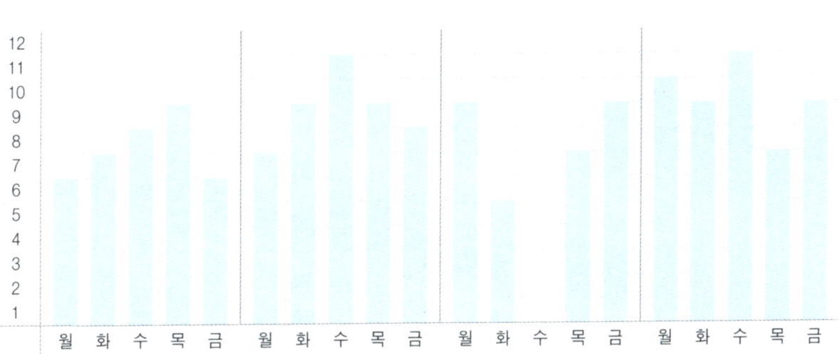

1년간의 변화와 교사의 깨달음

친구가 생겼다

1학기 때 관심이는 친구들과 어울리고 싶어 지나치게 행동했다. 그러나 2학기에 들어서면서 한결 밝아지고 교사의 말을 잘 들으며 차분해졌다. 고집을 부리던 모습도 많이 줄어들어 친구들의 의견을 순순히 따를 수 있게 되었다. 우리 반 학생들이 하교 후 교실에서 놀 때, 관심이도 자연스럽게 그 무리에 섞일 수 있었다. 다음은 관심이가 쓴 시 한 편이다.

난 혼자가 아니야

친구가 없는 나
혼자라고 생각했던 나

하지만 느꼈어
가족은 나에게 있는 것을
우린 혼자가 아니야!

느꼈어
나는 혼자가 아닌 것을

어쩌면 나를 좋아해 주는 사람이 있을지도
나를 믿어주는 사람이 있을 거라고
이젠 믿어.

(나에게 먼저 다가온 경희, 날 도와준 수정,
내 마음을 이해해 준 은주,
내 장난을 받아준 신애, 모두들 고마워)

교직 생활의 보람, 학생의 성장

관심이는 가정의 공백이 큰 학생이었다. 고학년이 되며 자의식이 커지고 내적 갈등도 많아 흔들리는 눈빛이 안타깝게 느껴질 때가 많았다. 비록 내가 1년 동안 함께한다고 학생의 근본적인 문제를 해결할 수는 없겠지만, 그 사이에 사람들의 눈치를 조금 살피고 고집을 누그러뜨린 것만으로도 충분하다고 생각한다.

문득 '칵테일 파티'라는 시가 떠오른다. 사람은 만날 때마다 새로운 존재라는 구절처럼, 관심이도 어느새 달라졌다. 학부모 민원과 끝없는 중재로 지칠 때도 많았지만, 부쩍 성장한 관심이를 보니 흐뭇하다. 이것이야말로 교직의 보람이며, 학생을 키워낸 대가로 받는 값진 선물 같다.

나눔 질문

1. 학생이 감정을 조절하지 못하거나 상황을 피하려 할 때는 '숨 쉴 구멍'을 마련해 줄 필요가 있습니다. 수업을 방해하지 않으면서도 잠시 쉴 수 있는 대안 행동이나 공간을 제공해 본 경험이 있으신가요? 어떤 방법이 효과적이었고, 어떤 어려움이 있었는지 함께 나눠 봅시다.

2. 보호자가 문제행동을 가볍게 여기거나 협조하지 않을 때 교사는 쉽게 무력감을 느낍니다. 이런 상황에서 어떻게 대처하셨나요? 학교 안에서 상담교사나 복지사 선생님 등 어떤 지원 체계를 활용했는지, 또 그 과정에서 느낀 소진감을 어떻게 극복했는지 나누어 볼까요?

3. 문제행동은 단기간에 바뀌지 않지만, 작은 변화에서 희망을 발견하기도 합니다. 한 학기 동안 학생을 지도하며 가장 보람을 느낀 작은 변화의 순간은 언제였나요? 반대로 아무리 노력해도 나아지지 않아 힘들었던 경험은 무엇이었나요?

"문제행동을 무시하고 긍정적인 행동에만 주목하면,
그것이 학생에게 마법처럼 작용한다.
학생은 차츰 좋은 행동으로 관심을 받으려 노력하게 된다."

다시, 교실로

새 학년의 문을 열던 첫 마음으로 이 책을 시작했다면, 지금 우리는 조금 다른 눈으로 교실을 바라보고 있을 것입니다. '문제'를 고치는 사람이 아니라, '의미'를 읽어내고 '가능성'을 설계하는 사람으로요. 우리는 사례 속에서 긍정적 행동지원(PBS)의 길을 따라 걸었습니다. '관찰-기능 분석-목표 설정-중재-점검'의 순환은 완벽한 해답이 아니라 검증 가능한 가설과 작은 실천의 연쇄였습니다. 행동의 기능을 이해하려 했고, 강화와 환경 조정으로 학생이 성공을 경험하도록 설계했습니다.

변화는 대개 소리 없이 왔습니다. 그러나 작은 징후들은 분명했습니다.

눈 맞춤이 1초에서 3초로 늘어났을 때,

자리에 돌아오는 시간이 10분에서 5분으로 줄었을 때,

"싫어." 뒤에 "그래도 해볼게요."가 붙었을 때,

친구에게 "미안해."라는 말을 한 번이라도 했을 때,

처음으로 교과서를 스스로 펴고 수업을 기다릴 때.

이 사소한 변화들이 쌓여 교실의 공기가 바뀌었습니다.

"알아봐 줌"이란, 사랑과 관심을 품고 한 걸음 더 가까이 다가가, 오감을 열어 그 존재를 깊이 존중하는 일이라고 합니다.[10] 긍정적 행동지원은

10 김수지(2017). 사람 돌봄. 수문사.

교사가 덜 지치고 더 깊이 학생을 품게 하는 길이며, 문제행동 너머의 학생을 알아봐 주는 가장 따뜻한 돌봄임을 확인시켜 주었습니다.

신경다양성을 지닌 학생들이 함께하는 교실은 더 이상 교사 한 사람의 고군분투만으로는 지켜낼 수 없는 공간입니다. 사회와 제도의 실질적인 지원이 필수적임에도 불구하고, 우리는 전문적인 협력을 통해 학생들을 품는 약속을 실천해야 합니다. 담임, 교과교사, 특수, 상담교사, 학부모, 지역 전문가가 같은 언어로 기록을 나누고 계획을 조정할 때, 개별 중재는 비로소 공동의 약속이 됩니다. 사례들이 보여 주었듯이, 도움을 요청하는 것은 역량의 부족이 아니라 오히려 전문성의 표현입니다.

여정을 마무리하며, 내일 있을 수업 전에 스스로에게 던져 볼 세 가지 질문을 남깁니다.

"오늘 나는 어떤 선행 사건을 조정해 학생의 성공 확률을 높일 수 있을까?"

"오늘 학생이 보여 준 작은 긍정 행동을 무엇으로, 어떻게 강화할까?"

"오늘의 시도를 누구와 어떤 데이터로 공유할까?"

완벽한 수업도, 즉효의 중재도 없습니다. 그러나 명확한 방향은 있습니다. 학생을 문제로 보지 않고, 맥락 속 행동으로 이해하려는 태도, 그리고 그 이해를 바탕으로 한 반복 가능한 실천. 그 방향을 붙드는 한, 교실은 언제든 다시 시작할 수 있습니다.

내일 아침, "다시, 교실로!"를 외치며 교실 문을 열기 바랍니다.

〈참고 문헌〉

- 양명희. 《행동수정 이론에 기초한 행동지원》. 학지사(2022)
- Loura A. Riffel 《개별학생을 위한 긍정적 행동지원》 박지연·김지수 공역(학지사, 2022)
- 문수정, 최경희 공저. 《교실에서 별을 만나다》(좋은교사운동 출판부, 2022)
- Loura A. Riffel · Melinda Mitchiner 공저 《표적집단 위한 긍정적 행동지원》, 박지연 · 김예리 역(학지사, 2020)

학생에 대한 이해를 높이기 위한 온라인 무료 검사와 유료 검사를 안내합니다.
학생들의 학교생활을 가장 잘 아는 교사가 검사하는 것을 추천합니다.

1. 정서행동검사 (국립특수교육원 https://www.nise-test.com)

목적	학생의 정서·행동의 어려움을 파악하고 정서·행동장애 선별 요강 및 검사의 원리를 알 수 있음.
내용	국립특수교육원 정서·행동검사(NISE-K·EBS)는 유치원에서 고등학교에 재학하고 있는 학생의 정서·행동의 어려움을 파악하고, 정서·행동 상태로 인해 학습에 어려움을 겪는 특수교육대상학생을 선별하며 학생에게 필요한 지원을 안내하기 위해 개발된 검사이다. 유아용(3세~초등학교 입학 전), 초등학교 저학년용(초등학교 1~3학년), 초등학교 고학년 및 중등용(초등학교 4학년~고등학교 3학년)으로 구분하여 개발됨.
실시 방법	1. 무료검사 시작 클릭 2. NISE-K·EBS 정보 작성 3. 대략 지난 6개월 동안 확인된 피검사자의 행동이나 상태를 객관적으로 평가 4. 내면화 45문항, 외현화 64문항, 관계성 44문항, 환경과 학업 집중14문항(*검사 결과 참고용으로 평가 결과 미포함)
채점 방법	1. 각 문항을 0~3점으로 평정 (전혀 아니다, 가끔 그렇다, 매우 그렇다) 2. 각 문항 점수를 합산하여 총점을 구함.
해석 지침	정서·행동장애 선별 혹은 진단은 단일요인을 측정하는 것이 아니다. NISE-K·EBS 검사는 일반적으로 인정되는 내면화와 외현화 장애로 정서·행동장애를 분류하였으며 학교의 상황을 고려하여 사회적 상호작용을 의미하는 관계성을 추가하였다. 유아의 경우는 신체의 문제를 별도로 분류하여 신체성으로 구분하였다. '내면화'는 외부로 드러나지 않는 우울, 불안, 위축, 신체화 증상과 관련된 내면화 행동 혹은 내면화 문제를 포괄한다. '외현화'는 밖으로 드러나는 행동 조절이 어려운 공격행동, 반사회적 행동, 과잉행동 등을 포괄한다. '관계성'은 대인관계의 의욕, 사회적 상호작용의 양적·질적 가능성을 의미하는 것으로 내면화 혹은 외현화 장애의 질적 수준과 밀접한 관계를 맺는다. 유아의 경우 '신체성'을 별도로 분류하여 신체에 대한 특정 자극이나 증상에 대해 지나치게 민감한 반응을 보이는지 지나친 자각과 관련이 있다.

국립특수교육원 검사도구 채점사이트

2. **사회정서역량검사** (국가기초학력지원센터 https://k-basics.org/user)

■ 검사지 개요 및 측정 방법

목적	사회정서역량 진단 도구는 초등학생의 사회정서역량 발달 경향을 진단하는 검사로, 검사 결과를 통해 개별 학생의 사회정서역량 발달을 이해하고, 검사 결과와 연계한 프로그램 운영을 통해 학생의 사회정서역량 신장을 지원하는 것을 목적으로 함.
내용	초등학생의 경우 자기 인식이 정확하지 않고 사회적 바람직성 편향 등의 우려가 있으므로 자기보고식 검사 결과가 정확하지 않을 수 있으므로, 교사의 관찰을 통해 학생의 사회정서역량 발달 수준을 다면적으로 진단할 수 있도록 개발된 도구임.
실시 방법	1. 진단도구 - 초등학교 - 학습준비도 - 사회정서역량검사(학년 선택) - 교사용 - 학생정보등록 - 학생추가 - 검사 실시 후 - 검사이력관리에서 결과조회 2. 최근 3개월 이내 학생을 관찰한 내용을 바탕으로 응답하도록 함. 3. 결과를 조회하여 영역별 학생 특성과 지도 방향을 모색
해석 지침	○ 사회정서역량 수준의 평가 기준 • 5점: 상황에 맞게 사회정서역량을 발휘할 수 있습니다. • 3점 이상 5점 미만: 다양한 상황에서도 적절하게 해당 영역의 사회정서적 기술을 의식적으로 사용할 수 있도록 연습하기 바랍니다. • 3점 미만: 해당 영역의 사회정서적 기술에 대해 이해하고 연습할 수 있도록 교사와 학부모의 관심, 지도, 협력이 필요합니다. - 학생은 자신의 사회정서적 기술에 관심을 갖고 기술을 향상시키려고 노력해야 할 뿐만 아니라 이를 위해 주변 어른에게 도움을 구하세요. - 교사는 관련 프로그램을 활용하고, 상담교사나 외부 기간에 자문을 구하며, 학부모에게 협조를 구하세요. - 학부모는 자녀의 사회정서적 기술 발달을 위해 관심을 갖고 교사와 협력하세요.

국가기초학력지원센터

국가기초학력지원센터
로그인 | 회원가입
인기검색어 #찬찬한글 #기초학력 #사회정서 #꼼알어휘 #사회정서역량
검색어를 입력하세요.
학교급 선택
초등학교
중학교
고등학교
과목 선택
국어
수학
영어
사회
과학
학습준비도
교과융합
초기화
검색(0건)
기초학력 지원 이해하기
기초학력 지원이란?
두드림 학교 (Do-Dream!)
공지사항 (Notice!)
묻고 답하기 Q&A
인기 학습자료
수학
초등학교 수리력 핵심요소별 학습 자료집
수와 연산
2023-03-09 32,423
국어
읽기 유창성과 독해력 향상을 위한 읽기...
읽기 유창성과 독해력 향상을 위한 읽기 검사지(KICE Readin...
2022-04-13 31,079
국어
초등학교 한글 해득 프로그램 '찬찬한글'
찬찬한글 학생용 교재
2021-01-27 81,303

3. 아세바 검사(교사보고_TRF) https://aseba.co.kr/Main/

아세바 검사는 부모, 교사, 본인(청소년)이 검사할 수 있는 검사 도구입니다. 내재화(불안, 우울 등)와 외현화(규칙 위반, 공격행동 등) 등의 문제를 점수로 나타내 줍니다. 1인당 검사비는 약 5,000원 정도입니다.

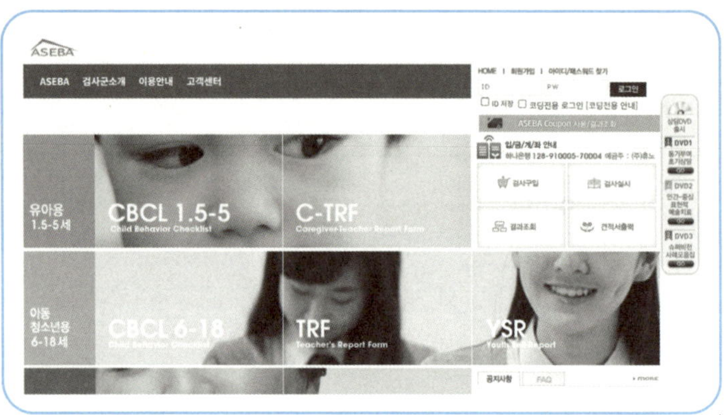

4. ABC 관찰 기록

교실에서 학생의 행동을 객관적으로 관찰하기 위해서 기록하는 도구입니다. 문제행동을 중심으로 그 전에 일어나는 선행 사건, 문제행동 뒤에 오는 결과를 기록하면 학생의 문제행동에 대한 이해를 높일 수 있습니다.

	선행 사건(A)	행동(B) (학생의 반응)	결과(C) (교사 또는 또래의 반응, 말이나 행동)

5. 행동 약속 일일 점검 체크리스트 (카드)

학생과 함께 정한 목표행동과 보상 계획에 따라 목표행동을 지킨 정도에 따라 보상을 하기 위한 점검표입니다. 처음에는 시급한 목표 혹은 학생이 지키기 쉬운 목표로 정해서 성취감을 가지게 하는 것이 좋습니다. 점검표는 가정과 학교에서 함께 확인하고 칭찬하는 것이 좋습니다.

1. 목표행동

2. 실시기간 : ＿＿＿ 년 ＿＿ 월 ＿＿ 일 ~ ＿＿ 월 ＿＿ 일 (＿＿＿ 일)

3. 보상계획

	월	화	수	목	금	토	일
아침							
1교시							
2교시							
3교시							
4교시							
점심							
5교시							
6교시							
합계							
교사 확인							
부모 확인							

학생 확인) ＿＿＿＿＿＿＿＿	부모 확인) ＿＿＿＿＿＿＿＿